Recessive Control

What Are Affecting Our Buying Decisions

隐性的控制

什么在左右我们的消费选择与决策

王付有
Wang Fuyou

著

中国工人出版社

图书在版编目（CIP）数据

隐性的控制：什么在左右我们的消费选择与决策 / 王付有著. —北京：中国工人出版社，2019.11
ISBN 978-7-5008-7313-6

Ⅰ. ①隐… Ⅱ. ①王… Ⅲ. ①经济学—通俗读物
Ⅳ. ①F0-49

中国版本图书馆CIP数据核字（2019）第289022号

隐性的控制：什么在左右我们的消费选择与决策

出 版 人	王娇萍
责任编辑	左　鹏　刘　药
责任印制	黄　丽
出版发行	中国工人出版社
地　　址	北京市东城区鼓楼外大街45号　邮编：100120
网　　址	http://www.wp-china.com
电　　话	（010）62005043（总编室）　（010）62005039（印制管理中心）
发行热线	（010）62005049　（010）62005042（传真）
经　　销	各地书店
印　　刷	北京市密东印刷有限公司
开　　本	660毫米×960毫米　1/16
印　　张	14.25
字　　数	210千字
版　　次	2020年2月第1版　2020年2月第1次印刷
定　　价	58.00元

本书如有破损、缺页、装订错误，请与本社印制管理中心联系更换

目　录

序　言——成为自己经济行为的主人 / 001

01　为什么有些钱花起来不心疼? / 001
02　为什么股票越赚钱越想卖掉，越赔钱越想保留? / 006
03　为什么专家的话时常不靠谱? / 010
04　为什么会因为赠品而产生购买行为? / 015
05　为什么使用信用卡更容易冲动消费? / 020
06　为什么产品会产生鄙视链条? / 026
07　为什么有些小作坊注定无法做大? / 031
08　为什么天下没有免费的午餐? / 037

09 为什么我们会回避自己的损失? / 042

10 为什么有时会相信或者不相信小概率事件? / 047

11 为什么我们更喜欢买品牌商品? / 053

12 为什么软文越来越流行? / 058

13 为什么“嫁个有钱人”不如自我增值? / 063

14 为什么商场里男装在低层，女装在高层? / 068

15 为什么保密和信息安全很重要? / 073

16 为什么知识越多，选择越困难? / 077

17 为什么商场的促销都放在年末? / 081
18 为什么星巴克不卖廉价矿泉水? / 085
19 为什么贫穷会限制我们的想象力? / 089
20 为什么“短缺和紧俏”可以提升商品价值? / 094
21 为什么鸡蛋不能放在同一个篮子里? / 099
22 为什么有钱人会越来越有钱? / 103
23 为什么迷信会使人变穷? / 108
24 为什么越想“翻本”的人输得越惨? / 113

25 为什么薄利不一定多销? / 118

26 为什么企业里兔子比狼更容易生存? / 123

27 为什么有些机票可以打一折? / 129

28 为什么会越减越肥? / 135

29 为什么生产商会将大量资金投入在广告上? / 141

30 为什么外卖如此受欢迎? / 147

31 为什么人们会被眼前利益迷惑? / 153

32 为什么会出现鸵鸟心态? / 159

33 为什么有些人吃不起饭也要买奢侈品? / 165
34 为什么我们对 DIY 产品如此青睐? / 171
35 为什么品牌中总是某一型号产品特别受欢迎? / 177
36 为什么我们会无意识跟风? / 182
37 为什么得不到的总是最好的? / 188
38 为什么人们会熬夜排队购买苹果手机? / 193
39 为什么投入得越多越无法割舍? / 199
40 为什么疯狂消费是经济危机的前兆? / 205
41 为什么房价总是在上涨? / 211

序言>>>

成为自己经济行为的主人

说到经济学，很多人的第一认知是：经济学是专家们研究的课题，和我们普通百姓没有关系。真的是这样的吗？

老王认为，答案是否定的。因为经济学是一门与生活息息相关的学科。可以说，每个人的日常生活都离不开各式各样的经济行为。比如：你会习惯于认为，钱是在自己的口袋里，想怎么花就怎么花，和其他人半点关系都没有，谁也无法左右你怎么花钱。真的是这样的吗？

在回答这些疑问之前，我们不妨来思考一下：当你在进行经济活动时，其行为真的完全是自我主导的吗？控制钱包的，除了自己的双手，是否还有一只无形的手呢？

为了搞清楚这个认知，老王分别在几个城市调查了一些不同收入的职场人，发现了一个规律：当一个人即便已经在某个项目或某件事上不断赔钱了，但他还是可能继续向其中投钱；当一个人即便在穷困潦倒时，他也有可能去购买他根本负担不起的奢侈品。

你可能更疑惑了，这到底是为什么呢？关于这个问题，先看看老王的调查结果吧。

在老王的调查人群中，和几位创业者聊得比较多，老王知道他们做的项目不挣钱且一直在亏损，但他们中有的卖房，有的向亲人借款继续投资自己不断亏损的项目，想通过继续投资来反败为胜，实现人生的大翻身。

这到底是什么原因导致的呢？你可能说，是创业者的执念；你也能说是为了面子；你还能说万一公司接一个大单，完全可以扭转局面……

对公司你可能会这样理解。那么，当一个人收入非常低，却去购买自己根本无法负担得起的奢侈品，这又是什么原因呢？

比如，一位职场女性，月薪8000元，她却花费十几万块钱去购买自己根本负担不起的爱马仕包包；也有相当一部分职场人，自己收入很少，靠刷信用卡去购买奢侈品……这到底是什么原因呢？

为了搞清楚这些问题背后的深层次原因，老王就向几位经济学专业领域的高人请教，试图通过经济专家的理论模式来找到答案，看看是否有什么经济规律可遵循。

当老王向几位经济学专业领域高人请教时，他们罗列了很多的表格、模型，总结出了各种各样的公式，但是到了具体判断时，发现事实的发展并不符合这些理论模型或原理的走向。

这个问题一直困扰着老王很久，让老王夜不能寐。为了搞清楚原因，老王也去北上深三个城市，和心理学专业领域的人士交流和请教，看能否从心理学原理上找到突破。

当老王向心理学领域专业人士请教时，他们认为，大部分消费行为是受心理影响和制约的。就像现在很多年轻的职场人疯狂购物一样，其实很多东西自己并不喜欢，但就是通过购物来获得快感，让自己内心得到满足。

老王恍然大悟，完全搞明白了。其实，更多时候我们是被一种隐性的力量控制着，它决定着我们的经济行为，这种力量被一些学者总结为不同的心理效应。

为了解决这些问题，老王也查阅了大量资料文献，发现经济学家们已经开始在个体经济行为中引入了心理学的概念。因为他们发现，在经济行为中，光是研究各种经济模型和公式是远远不够的，还必须要研究作为经济行为个体的所思所想，也就是人的心理。其实，我们的消费行为不一定完全由经济决定的，也和我们的心理动机有关。

读到这里，你应该会有所领悟，为什么有的人明明收入很低，却穿着名牌；你也会明白，购买奢侈品的不一定都是有钱人；更能理解一些创业者，明知道公司无法经营下去，却不愿意接受破产，哪怕卖掉房子也要继续经营下去……

这些都是心理行为和心理动机起着关键作用。除了经济学原理本身，还有很多因素会影响和改变我们判断的心理效应。在纯理性的经济行为和生物本能的心理效应的共同作用下，就形成了一只隐形的手，它无时无刻不在控制着我们的经济行为。

为了活得更加通透，我们需要去了解这只“手”的真正动机，也希望可以利用这只“手”，来作出更科学的抉择。知己知彼，方能百战百胜。我相信，被隐形之手控制的我们，终有一天可以成为自己经济行为的主人。

01 为什么有些钱花起来不心疼?

银行账户 VS 心理账户

也许你的钱不等于钱

在风险投资中，每个人都知道要把鸡蛋放在不同的篮子里，以降低投资的风险性。我们已经有了这样的觉悟和共识，会给自己准备许多“篮子”，有的写着住房支出、有的写着食品支出、有的写着学习支出、有的写着奢侈品支出……每个篮子里“鸡蛋”的数量会因为个人经济能力的不同而产生变化，而我们每天做的投资或消费行为其实就是不断地补给“篮子”又不断地掏空“篮子”的过程。为了维持篮子里“鸡蛋”数量的稳定，我们周而复始，乐此不疲。

我曾经遇到这样一个案例：林笑已经工作六年了，年龄增了一岁又一岁，工作换了一个又一个，工资涨了一回又一回，“月光族”依旧是她摆脱不掉的标签。

她在广州的一家自媒体公司做宣传策划。一万多元的月收入对于一个没有供房供车压力的女生而言，过上自给自足的生活是绰绰有余的。然而每到月末，她依旧会对着自己的月账单犯愁。

除去基本的生活开销（包括吃饭和买衣物）和偶尔的人情往来，林笑的工资基本上都用在了“享受开销”和“特殊开销”上，这是林笑自己归的类。在她自己制作的记账本里，她将自己平时吃喝玩乐的支出都归到了“享受开销”里面。所谓的“特殊开销”，是因为林笑喜欢音乐，以前学过大提琴，因此偶尔会去听一场音乐会或是明星演唱会。

林笑也一直很苦恼，那些和自己同龄，甚至收入不如自己的朋友如今或多或少都能有些存款，自己却丝毫都攒不下，真是应了那句话：“钱，虽然不是大风刮来的，却有可能被大风刮走”。其实乍一看，林笑的消费方式与大多数普通人没有什么不同，工资在年轻人中不算太低，似乎也没有过于高昂的花销。那么，她的钱究竟是何时被“偷走”的呢？

我们谈及这个问题之前，不妨先问自己几个问题。

首先，第一种情况是你加了一周的班，最后老板为了表彰你发了5000元的奖金；第二种情况是你在刮彩票时，以出乎意料的好手气刮出了5000元的奖金。5000元奖金与5000元奖金，哪一个会让你更兴奋？

其次，第一种情况是你走在路上，忽然发现自己丢了100元钱；第二种情况是你发现自己每天丢了10元钱，已经连续丢了10天。这两种情况，哪一种让你觉得更崩溃？

最后，有一种味道一般但包装精美的小盒巧克力，标价500元，你愿意买来自己吃还是选择买来送给爱人？

面对这三种情况，我相信大部分人会觉得刮彩票更兴奋，连续丢钱更崩溃，送爱人更愿意。但仔细想想，从经济学角度而言，上面的三种情况其实是一样的。同样都是到手的5000元，同样都是丢了100元钱，同样都是花费500元。但在人们的心理层面，同样的数字代表着不同的含义，有的是花着“肉疼”的钱，有的是花着“爽快”的钱。

为什么人们会有这样奇怪的心理？美国行为科学教授理查德·塞勒（Richard Thaler）提出了“心理账户”概念，给出了恰当的答案。所谓的“心理账户”，按照塞勒在《心理会计事项》一文中的解释，是人们在心理上对结果（尤其是经济结果）的编码、分类和估价的过程，它揭示了人们在进行财富决策时的心理认知过程。

简单来说，就是人们在心理上将生活中真实存在的支出或收益划分到不同的账户，例如通过工作得来的薪水被划分到了“基础”账户，而老板临时给的额外奖励或彩票奖金，会被划分到“超额”账户中；又或者是将工资奖金统一起来，不等额地划分到“生存”账户、“享受”账户、“奢侈”账户等。这些各异的账户，实际上就是人们在受到心理刺激的影响后，以不同态度对待等值钱财的结果，而这样的结果也就造成了人们最后不同的花销行为。

“心理账户”最典型也是最成功的运用范例之一，就是支付宝曾经推出的“天天领红包”。人们只要下载支付宝App，扫描朋友或是店家生成的二维码，就可以获得价值不等的红包，且这些红包又不同以往的优惠券，而是实打实的、可以花出去的“钱”。游戏规则是同一用户每天只能获得一次领取红包的机会，且在这个红包花掉之前，不会再产生新红包的机会。虽然活动规则中承诺最高有可能得到99元的红包，但概率当然小之又小。但即便领到的只有那么一点点钱，人们依旧十分高兴，他们享受的是那一刹那的心理快感。在现实生活中，这些人甚至不会为自己掉了几角钱而弯腰拾起。

之所以会存在这样的心理差异，其实就是人们将红包得来的钱视为了“意外所得”，而自己钱包里的则是“劳动所得”。钱已经是自己的了，虽然掉了几角钱但无伤大雅，几角钱在现在这个物价飞涨的年代并不具备太高的关注价值，因此人们并不在意。但是支付宝红包的钱就不一样了，如果不花出去，就一直留在了支付宝里，你提不出来，也兑现不了。这就代表着如果你不花出去，这个钱就不是你的了。

当别人每天买东西都能得到几角钱，自己却无法享受到这样的小优惠，久而久之，很多人难免会觉得自己吃了大亏。这样一来，不知不觉间你就已经被商家制定的规则洗脑，掉进了心理账户的“陷阱”里。

那么，当一个人在心里预设好了各种各样的心理账户后，它又是怎么让人做出“花钱”这一决定的呢？美国普林斯顿大学心理学教授丹尼尔·卡尼曼曾指出，人们在做决策的时候，往往不是严格估算其收益值，而是通过哪个能更容易判断出得失的多少来决定的。

举个例子，一栋起火的大楼困住了 100 个人，而你有能力救其中的一部分人（排除发生受伤和死亡的可能性）。采用方案一，你确定能救 6 个人；采用方案二，你有 1/3 的可能性救活 100 个人，可是有 2/3 的可能性一个也救不活。你会选择哪一个？

大多数情况下，人们会毫不怀疑地选择方案一，因为当事者能更快地判断出方案一是自己更有把握的，与其拚那 1/3 的可能性，倒不如好好地救回 6 个人的命。与方案一相比，方案二风险高，人们无法完全掌握其可实施性，因此就会不自觉地调高对其的估值。这也就是为什么同样的一笔钱，来源、去处或者是方法三个元素中任意一点发生了变化，人们就会产生不一样的态度。

例如，当年市场销量十分火爆的脑白金产品，它从最初定位于“保健品”的不温不火，到后来更改模式变为“礼品”的广受欢迎，就是抓住了受众的心理账户。给自己买营养品？算了吧，多吃点青菜水果就可以了。给别人送礼？那当然是要选拿得出手的！

如今，已经有越来越多的商家意识到了心理账户的重要性。当目标顾客的“基础账户”出现了赤字，因而不愿意“掏钱”时，商家只需换个思路，将同样的商品转移到“人情账户”的开销中，这样一来，对方往往就会心甘情愿地产生消费行为。

懂得了这个道理，我们就会明白，超市里的捆绑销售、网上支付手段、商品的折算换购……都是针对心理账户的商业游戏。对商家而言，或许我们都很难在短期内改变消费习惯，但改变消费认知就简单得多。正是在这种潜移默化下，钱在我们的“精打细算”下溜了出去，我们毫无察觉，甚至甘之如饴。

02 为什么股票越赚钱越想卖掉，越赔钱越想保留？

流淌在血液里的“厌恶损失”

让你时时“被套牢”

很多股民都有一种体会，就是当自己手中的股票大涨时，心中就会蠢蠢欲动，很想立刻将股票卖出去；而当手中的股票跌到很低时，却无论如何都不愿意抛出，只想一直留在手中，希望股票的价格可以涨回到购买时的价格。

这几乎是所有股民都存在的心理，甚至一个股市老手，一个大多数时候都能够做出理智决策的专业人士，也会产生这样的心理。只不过有经验的人会通过理智的分析去做出与内心期盼相反的决定，而更多的人则是直接遵从内心，高卖低留。

我认识一个年轻人小李，他在 2016 年进入股市。在小李进入股市时，市场刚好是牛市，正呈上涨趋势，他认为这是进入股市的好时机，就在里面投入了十万块钱。果不其然，股票一路上涨，十万块钱几天之后就变成了十二万元，并且还在继续上涨。当时小李很是开心，认为自己做了十分正确的决定，甚至还劝说身边的朋友也尽快趁机投入股市，一起大捞一笔。股票每天都在上涨，尤其是其中有几只股票上涨的幅度非常大，小李说他当时光是看一眼手机股票软件上显示的数据都要笑出声来。然而好景不长，在持续十几天的涨幅之后，股市突然开始缩水，那几只被小李最为看好的股票跌幅非常大，甚至在很短的时间内跌破了小李当初买入的价格。小李很是懊恼，后悔没有趁高价时将这几支股票卖出。好在他购买的股票中还有几只并没有受到股市动荡的影响，虽然这几只股票也在下跌，但跌幅并不算大。

持续几天的下跌之后，股市又有了回升，开始趋于稳定状态。这时，小李手中的那些股票：前期涨幅很大的那几只，已经跌到让小李赔了几万元；而前期涨幅不大、后期跌幅也不大的那几只，随着股市的稳定，又有了些许回升，并且仍然高于小李当初购买它们的价格。于是，小李决定将那些稳定的股票卖出，似乎这样就能为他挽回一些损失，至于那些跌到很低的股票，小李则决定将其长期保留，以待回升的那一天。

作为股市新手的小李，当时已经意识到自己被那几支股票牢牢套住了。好在他身边也有许多跟他同样被套牢的人，这令他感到了些许安慰。只不过这种虚假的安慰并不会改变小李在股市中赔掉了几万元的事实，也没有改变小李最后只在手中留下了几只从一开始就并没有太大价值的垃圾股的事实。

其实小李犯的只是许多股民都会犯的错误，那就是他们急于求成，希望短时间内赚到大钱，同时目光太过短浅，太容易被眼前的利益迷惑。在选股之初，他并没有真正深思熟虑过，而是看到哪些股票势头猛就选择了哪些，最后会被套牢也是可想而知。

当然，小李在选股上所犯的错误属于另一话题，这里重点讨论的是小李在最后做出的选择。为什么他会选择卖出那些其实有足够实力的绩优股，却保留了那些已经让他赔钱很多的垃圾股？

这里体现的是行为经济学中的一个经典现象，叫作“损失厌恶”。简单地说，人们对于同样分量的损失和获得，所呈现出的反应程度是不同的。根据多次实验的测试结果：对于同样分量的损失和获得，人们获得的难过是喜悦的两倍。也就是说，假如一个人获得了 100 元钱，他会得到绝对值大小为 A 的喜悦，那么这个人如果失去了 100 元钱，他则会产生绝对值为 2A 的难过。

当然，这种数据结果只是在概率上的统计，涉及每个具体的人，其产生的喜悦和难过的程度必然也是不同的，不过大同小异，人们的普遍反映，都是对于失去比对于得到的反应更大。比起害怕无法得到，人们更加害怕彻底失去。这种心态直接影响到了人们做出的决定。

所以，许多人在股市中并不是投资心态，而是一种赌博心态。他们选择一只股票时，就仿佛在赛马场上选择了一匹马，他们并没有仔细研究过这只股票所在的行业、公司的经营状况以及公司的前景，他们只是选中了一匹未知的马，然后将钱投进去，等待这匹马给自己带来丰厚的收益。

曾经有研究表明，那些有赌瘾的人，他们对损失的厌恶程度比普通人更严重。有更深入的研究表明这种变化已经表现在了生理层面的大脑结构上，也就是说一些长期赌博的人，他们的大脑已经发生了病变，他们对许多事情的判断已经与普通人完全不同了。赌徒们的最典型的表现，就是他们在赌桌上赔钱越多就越无法离开赌桌。甚至只要身上有任何值钱的东西，他们都想要投到赌桌上，为的是迎来一个绝地反击，为的是让自己曾经投入过的那一切都能够重新被赢回来。但旁观者很清楚，他们是赢不回来的，他们一次次走向赌桌，只是在一次次跳人更深的火坑而已。

而投资之所以是投资，是因为它最重要的一点是要用专业的知识去了解被投资项的经营状况。倘若一只股票本身的价值只有

3元钱，那么当它在股市上被炒到30元钱时，不论它的走势有多好，购买这只股票的人都要承担很大的风险。所以说，不了解股市的人，不了解投资原理的人，倘若只是抱着试试运气的想法去投身股市，那么倒不如将这笔钱省下来，去做一些风险更小、前景更清晰的投资行为。

其实，人们在股市上的表现也体现在许多方面。或许有人认为自己不会去投身股市，也就不用担心会产生赌徒心态。实则不然，这种“厌恶损失”存在于人们生活的任何一个角落。我们说经济学是一门关于金钱的学科，这话也不算错，只是颇为片面，实际上经济学几乎涵盖了我们生活的方方面面。当人们面临权衡取舍时，人们也就陷入了经济方面的问题。一个人可能一辈子都不会去碰股票，也不会去接触赌桌，但他必然会面临许多是否放弃的选择。一个坚持了多年的理想、一份从事了多年的工作、一个陪伴了多年的恋人……当现实告诉你必须要放弃这些东西的时候，你是否能够做得到呢？

总之，这种“厌恶损失”的心理本身并没有错，人们会因损失而产生更多痛苦也没有问题，问题在于不要因为害怕痛苦而去逃避损失。面对金钱方面的投资也好，面对人生路上的各种选择也好，只有多进行深入思考，多去探索问题的本质，才能得出一个更加理性的答案。

03 为什么专家的话时常不靠谱？

当经济学遇上心理学

人们的选择往往与专家的预测背道而驰

我们时常遇到一种状况：在涉及具体事件的时候，专家的分析往往对自己的实际投资没有任何作用。这种类似状况发生的多了，就会让人开始对专家的权威性产生怀疑。那么，究竟是专家的问题，还是我们自身的问题？究竟是权威不靠谱，还是这些专家原本就不够权威？

当专家们分析人们的经济行为时，往往会引用经济学的各种理论和表格，从而去对人们接下来的经济行为作出预测。比如，一个收入中等水平的人在选择生活用品时，如果按照经济学的分析，他必然会选择中等价格的生活用品。因此一个月收入只有3000元的人，理论上不会选择购买千元以上的化妆品。但事实上，有许多收入更低的人，仍旧选择了超过千元的化妆品。

自然，这样的消费观是畸形的，可当舆论引导达到一定程度，这样的消费观仍然有可能大规模出现。当这种消费观占据主流，那时专家们对于人们消费习惯的分析就变得苍白无力了。

然而，专家并不是不够权威，他们的理论本身也并没有问题。只不过，当理论需要结合实际时，往往会出现一定的误差。当然，也有一些沽名钓誉的所谓“专家”，本身并没有多少专业权威性，他们出现在大众面前只是为了骗取钱财。而我们重点谈论的是，许多真正具有扎实理论基础的专家，他们的话在实际操作中同样也经常不起作用，我们不能单纯批评他们在欺骗大众。

举一个最简单的例子，就是物体下落的理论。在理论上，两个质量完全不同的物体从高空坠落时，由于重力加速度相同，它们就应当同时落地。这个结论在纯物理学范畴内是没有任何问题的，但是在实际操作中，由于空气浮力，最后往往导致两个物体不会同时坠地。

在许多领域内也是如此，专家本身的分析并没有问题，只不过在整个事件发生的过程中，专家往往无法考虑到那些实际的干扰事项。所以，当专家预测人们应当抛出股票时，很多人却选择了保留股票，专家预测人们会做出最实惠的选择时，人们也往往做出并不那么实惠的选择。在专家的理论与最后实际产生的结果之间，便是那些会影响到人们选择的微妙的心理效应。

我认识的宋女士曾经就是迷信专家的一员。最初接触股市时，她由于理论上的储备不足，便花了许多精力去看各种专家们撰写的文章。当她自认为掌握了足够的理论后，才正式进入股市，成为万千股民中的一员。

起初，她依靠那些理论知识，还是得到了一些收获的。她发现，股市的确有规律可循。为了能够获得更多的利益，她又加入了很多专家的学习班，这些专家会在微信群帮助大家分析股票走势，还会给大家推荐各种优质股，当时的宋女士感到受益匪浅。

然而，宋女士并没有意识到，她之所以能够赚钱，更多原因取决于她进入股市时整个股市都处于上涨阶段，而这种上涨的趋势并不会一直持续下去，渐渐地，股市开始出现颓势。这时候，专家群内开始出现不同的声音，有的专家提议尽快抛出股票及时止损，也有专家表示这只是正常波动，无须太过在意，还有专家继续推荐优质股，仿佛一切都未发生。

宋女士有点慌，首先她不知道该听谁的好。她忽然发现过去掌握的那些理论几乎都不适用了，那些原本能够准确预测股市趋势的公式变得也不那么准确，仿佛整个股市都失去了规律，世界乱了套。她在犹豫中错失了最后的机会，几天后，股市开始疯狂回落。这时候，终于有人意识到，是最初那些将股市炒高的资本家们在做空股市，最开始出现端倪时没能及时抛出股票的股民们，此刻已经被牢牢套住。结果就是，宋女士损失了十几万元。对她而言，这并不仅是财产的损失，更是对自身心态的巨大打击，之后的几年之内，她不敢再碰股票了。她给自己得出的结论，就是当初不该过分迷信理论，迷信专家的分析。因为在具体操作中，真正决定一切的往往并不是理论，而是人本身，尤其在与经济相关的问题上，人才是最为关键的。

其实这个世界上的任何一个学科，目前都没有达到被完全研究透彻的地步。可能一些人在某些领域内达到了一定的水平，但要说已经看清楚这个领域的全貌，那仍然是天方夜谭。

这就出现了一个有趣的现象，那就是越是深入钻研的专家，在下结论时，往往越是不会使用过于笃定的词汇。他们会强调在某个前提下，某个结论才有可能出现，而不会说某种条件必定就会产生某个结论。

至于在经济学领域就更是如此，经济学与理论科学不同，它与人本身的联系更加密切，如果说数学物理这类学科还可以完全脱离人的因素，去探索宇宙本身的奥秘，那么经济学这种学科可以说完全是人类社会的产物。因为人是社会型生物，导致了人必然要通过与其他人交流来完成社会活动，因此便出现了物质交换，而经济便是在这个交换过程中诞生出来的。这个特性本身，导致了经济学是不可能脱离人来谈理论的。尽管经济学会研究大量的图表，会计算大量的数据，但最后还是要回到人本身。

当然，尽管通过理论得出的结论往往与最终结果相悖，但在分析经济现象时，仍然要以理论为基础。经济学作为一门以大量数据分析为基础，是通过一代又一代经济学家进行总结和探索而逐步完善的学科，可当遇到具体事件时，除了需要运用理论，同时还要结合各种实际情况。通过理论总结出一个大致的方向，在这之后，才能考虑实际的状况会对结论产生怎样真实的作用。

对于宋女士而言，当她在股市中赔了钱，就开始不信任任何的专家和理论，但其实并不是这些专家和理论本身的问题。如果宋女士能够掌握更多信息，如果她能够去吸收更多的知识，她就会意识到，那些经典理论仍然可以作为强有力的工具被运用，那些专家们说的话仍然有许多可取之处。

当然，股市只是经济社会中的很小一部分，在整个庞大的经济体系中，还存在着许许多多的领域，但不论是哪一领域，最终需要去考虑的都是活生生的人。人与机器最大的不同，在于人是有情绪的，是有各种欲望和胆怯的，这种欲望与胆怯都有可能成为影响经济波动的原因。那些出现在经济历史上的各种看似匪夷所思的事件，只要仔细去分析，就会发现最终原因都是某个人或者某些人的问题，可能导致某个经济结果的并非是什么经济学规律，可能只是某些个人喜好的结果。这些，都不是那些擅长理论分析的专家们所能预测得到的。

回到主题上来，为什么专家的话经常不靠谱？与其说专家不靠谱，倒不如说只是专家的视角导致他们无法看清楚一些事情的全貌，他们存在一些不可避免的盲区，这些盲区可能是某些心理效应，也可能是某些人的喜好与个性。总之，专家的话并非完全不能采用，只是我们在听取的过程中，还要结合更多的具体原因，尽可能地将所有外部原因都考虑进去，才能得出最接近实际的结论。

04　为什么会因为赠品而产生购买行为？

赠品 VS 商品

无赠品不销售

在各种各样的营销方式中，商家常用的不外乎打折、满减等，如果说要找一个方法能两倍、三倍甚至十倍八倍地提高产品的销售量，那这个方法一定是——给予有效的合适的赠品。赠品能够最有效地打消顾客对商品价格的犹豫，而合适的赠品则能最快速地解决顾客的犹豫，前者让顾客下定决心，后者则让这个下决心的时间最大限度地缩短。赠品在一款产品的销售中起到了极大作用，甚至很多时候人们正是为了得到赠品才选择购买商品，我这么说有根据吗？让我们先来看一组调查数据：

在一次以问卷形式为主的调查中，调查人员对年龄跨度为16~68岁的消费者在以往消费过程中收到赠品的那次购物经历是否为计划性购买进行了区分统计，在非计划性购买问卷中调查显示：48%的消费者是临时决定购买产品，32%的消费者则表示有需要但并不迫切；而在计划性购买调查问卷中则显示：53%的消费者是临时改变购买产品的品牌，另外还有19%的人则表示会直接购买有赠品的产品。在非计划性购买中，消费者会因为有赠品而决定购买某种类型产品来体验或者是囤货；而在计划性购买中，消费者会因为一个品牌有赠品活动从而决定放弃最初的品牌，尝试新品牌。在这份调查中，清晰地展现了赠品对消费者购买行为的影响力。

所有人都喜欢占便宜的东西，有人说：“占便宜这种东西，重要的不是便宜而是‘占’”，这是一种特殊的心理感觉，是顾客在购买一个商品时存在的普遍心理意识。商品本身无论价格高低，顾客在购买时都会有一种“不实惠”的感觉，商品附带赠品则会让顾客觉得在获得商品的同时，又让顾客觉得自己受到了尊重，这种“贪”来的兴奋感会使顾客收获难得的满足感。

法国埃吉桑属于科尔马区万特泽南县，因其精湛的葡萄种植技术和独特的葡萄酒酿造技术被誉为“阿尔萨斯葡萄酒摇篮”。17世纪的埃吉桑曾经经历了一次葡萄大丰收，结果导致葡萄价格极低，大量的葡萄烂在了果园里无人购买。后来，埃吉桑当地最大的葡萄种植庄园主为了销售掉自家的葡萄，从外地的小镇购买了一批苹果，并对外称“顾客每购买3公斤的葡萄就赠送一箱苹果”。当时的埃吉桑，因受到气候土壤的影响，大多数人选择种植葡萄，再加上当时水果运输成本很高，导致苹果的价格不菲，因此苹果对于当地人而言是“奢侈品”。消息一发出，就吸引了周围人的抢购，很快在苹果的吸引下，葡萄被抢购一空。虽然购买苹果的成本高，庄园主将苹果的成本小部分地分摊到葡萄的价格中，葡萄与苹果的搭售，既让顾客得到了苹果，又适当增加了葡萄的利润，让庄园主大赚了一笔。

与同类型的营销手段相比，赠品在不减少产品本身价值的基础上，提高了顾客对品牌的认同感。以打折销售为例子，长时间打折会让你陷入被动的价格战中，甚至会让顾客觉得你的产品就应该是这个折后价，当你恢复原价后，他反倒会觉得你价格不合理，而赠品营销则可以避免这些尴尬。至于顾客喜欢你的赠品不外乎两种原因：一是自身喜好，把占便宜当作一种乐趣，即使是不需要的，只要给了他就会要；二是一部分顾客经济收入不高，因此养成了节俭的消费观念，如果赠品是自己现在或者将来用得到的，也会成为这类消费者购物的首选。

所谓赠品，不过就是店家提供的一种增值服务，赠品能够加深他们对商品和店家本身的好感，促进下次消费。那么怎样的赠品更能吸引顾客，怎样的赠送方式更能取得顾客的欢心呢？

首先，知己知彼，百战百胜。我们要先了解顾客的底线，他们在购买商品前都有自己的价位预期，如果高过了这个界线，那基本上就很难留住顾客。相反，如果价格过低，顾客会觉得你的商品质量有问题，毕竟“一分钱一分货”，你卖个面包两块钱，然后又赠送牛奶，大多数人第一反应就是看看生产日期，顾客会马上意识到面包绝对是快过期了。同样的道理适用于赠品 ，一个价位在七八百元的智能电磁炉，结果赠送了一个街边到处都有的塑料锅铲，让人自然而然就会质疑你这个电磁炉值不值这个价位。因此赠品的重点是价值的赠送，绝对不能让商品本身失掉了价值。那究竟怎样才算有价值呢？有用即有价，商家赠送的东西是别人根本不需要，甚至是用不到的，那就毫无价值。

其次，商品和赠品的相关性也是很重要的。这是赠品促销的铁律，必须从商品的特性、功能、作用等方面斟酌。赠品和产品的相关性越强，越容易让顾客得到满足，也显示了商家的贴心。在这一点上做得最好的，当属海底捞。头绳、眼镜布、梳子、护手霜……这些东西听起来似乎和火锅不沾边，事实上却是我们每个人都会用的必需品，当女孩子吃火锅时，长发披肩并不方便，这时就需要头绳，火锅汤汁会溅到眼镜上这时就需要眼镜布，而梳子则是用来打理吃火锅时弄乱的头发，护手霜的作用就更不用过多解释了。这种相关性并不单单是说，卖烟的送个打火机，卖鞋的送双袜子，而是细致地思考究竟哪些东西是顾客需要的，这样的相关性实际上也是对顾客的一种尊重，让顾客在日常的用品中获得难得的惊喜感，这些“廉价”小赠品的背后是一个品牌的价值体现。

再次，赠品的形式也非常重要。既要让顾客觉得自己得了这个赠品是“得来不易”的，甚至是别人“得不到”的，又不能让顾客有“习惯”的感觉，一旦形成习惯，如果赠品活动结束了，顾客就不会再光临。因此，最好的方法就是限时或限量，给顾客造成一种紧迫感，减短顾客的犹豫时间，这样的方法也算是饥饿营销的一种。另外，还可以采取“表示为难”的方法，也就是在购买商品的过程中先不说赠品的事，等后面再说可以给赠品，最好表现为这个赠品给地十分“为难”，例如可以先问一下店长，或者告诉顾客别人来买都没有这种赠品……这样一来则更能增加顾客对店铺的好感度。

还要注意一点的是，赠品的多样性。如果一个人是你家的老顾客，三天两头来你家买东西，而你只有一款赠品，那估计老顾客家里的赠品都要“成灾”了。因此，多准备几种类型的赠品，或者是隔一段时间换一种赠品是一个不错的选择。哪怕是在同样的赠品上翻新，也好过一直赠送同一款产品。

最后一点就是赠品就要明着赠送。直截了当地告诉顾客赠品本身的价格，无论价格高低都会让顾客有一种真诚感。以假代真的方法只会害人害己，顾客不是傻子，他们心里很清楚每样东西的价位究竟是多少，因此真诚地将价格摆出来，让顾客看到商家的诚意，这比上千万的广告费更有效果。不能因为只是一个赠品就不以为意，别忘了，赠品活动是为了吸引并留住客源。如果因为一个赠品导致顾客对整个产品和店铺失望了，那才是得不偿失。

赠品不是“鸡肋”，不是简单的“我给你的东西，给你什么你就拿着什么”，事实上，里面需要学习的东西很多。不好的赠品赠了倒不如不赠。而且，赠品只是一种短期的行为，是商家为了在短时间内增加销售量所采取的一种营销手段，但任何的短期行为都是为了长期行为在做铺垫，它是和产品环环相扣的，是为了四两拨千斤地抓住顾客的心。

05 为什么使用信用卡更容易冲动消费?

信用卡 VS 现金

从自在到负债

方辉曾经是我很多年的邻居，平时关系虽然算不上亲近，但也能说上几句话，有时我们也会在一起吃个饭。他在国企上班，他妻子阿敏则是公务员，在当地的街道办工作，两人只有一个儿子，已经开始实习了。夫妻二人加起来的工资有三万多块，因此一家人的日子算不上大富大贵，也是吃喝不愁。方辉的妻子是东北吉林人，性格开朗豪爽，平常花钱大手大脚；方辉则不同，他始终秉持着“把钱花在刀刃上”的原则，当然他并不小气，那只是他的一种消费方式。相反，他对亲友出手十分阔绰，例如他自己的衣服从来都是几百块钱以内的服装，而他给一个好哥们儿的生日礼物，则是一套近万元的高级定制的西装。

也许是受到夫妻俩“铁饭碗”的工作属性的影响，周围的邻居始终觉得他家过得不错，我已经不止听到一个人说他们一家人特别有钱，传言虽多，但到底无风不起浪。众所周知，阿敏一直以来都花钱大方，方辉后来也变了不少，他迷上了钓鱼，各式各样的渔具装备，单我看到的就有六七副之多。一次吃饭，我还打趣问他是不是“中了彩票”。没想到他叹了口气冲我摆了摆手说道:“唉，你是不知道啊，一提起来就犯愁，我啊，背了一身债。”

几年前，方辉办了自己人生中的第一张信用卡，然后就有了后面的事情。夫妻二人原本有辆日产的小轿车，准备以后留给儿子上班代步用。因此两人打算买辆新车，并决定一劳永逸地要买辆高配车。

两人看中了一款进口车，全款下来要九十多万元，当时两人手头还算充裕，有点闲钱的方辉就有了想要全款买下来的念头。于是，为了补上还差一点的全款，方辉开了张信用卡。开卡时的方辉没有想到有了信用卡以后，就仿佛打开了“潘多拉魔盒”，不知不觉中钱就如流水般花了出去。先是买汽车配饰，紧接着就是各类生活用品，再到后面的高级渔具，等等。随着方辉的消费剧增，信用卡也增加到了两张、三张……阿敏的工资税后九千多元，她很早就办了信用卡，每个月基本上都要还一万多元的账单，她的工资基本上就用来还自己的信用卡，不知不觉中两口子都成了“卡奴”。

方辉本不是花钱大手大脚的人，之所以一步步被信用卡“套牢”，用他自己的话来说就是鬼迷心窍。他最初办信用卡是因为商家宣传刷卡消费可以打九折，他觉得能省一小笔钱，反正自己最后也能还得起。后面越用越顺手，越用金额越大，就更加管不住自己了。最奢侈的时候，方辉一个月就买了两根钓鱼竿，每根价位都上万元。一到资金周转不开的时候，就用一张信用卡去还另一张信用卡，等到方辉反应过来的时候已经来不及了，深深陷入了信用卡的“沼泽”之中。

类似方辉夫妻的人不在少数，开始习惯用信用卡消费以后，人就不容易控制住自己，信用卡究竟有着怎样的魅力，套住了一个又一个“卡奴”？为什么明明最初办信用卡的目的是用来让自己生活得更自在，到最后却被它坑了？这其中很大的一个原因，就是信用卡消费是一种无感的消费，甚至有的人将其称为“财务鸦片”，一旦上瘾就难以戒掉。

麻省理工学院营销教授特雷森·普雷勒克和邓肯·西梅斯特曾做过一个实验，两人准备了一场无底价拍卖会，被拍卖的主体是波士顿凯尔特人队的球票。两人邀请了一批财富相当的中产阶级来参加拍卖会，随机将这些人分成了两拨，一拨人被告知只可以用现金支付，且不能延迟缴费时间；而另一拨人则被告知，这场拍卖只允许用信用卡支付。在对这两拨人拍卖结果的分析中发现，用信用卡支付的人平均出价高于用现金支付的人，信用卡这边最后拍得球票的价格是用现金支付的两倍。

斯坦福大学曾经也做过类似的实验，发现当我们消费时因为获得新产品的兴奋感会激活大脑中的伏隔核，当伏隔核越活跃，我们也就越容易买下更多的产品。但当我们付钱时脑中的脑岛也会因为付钱这一举动而产生厌恶感，当脑岛中的厌恶感大于伏隔核的兴奋感，我们就会停止消费的举动。用现金的时候脑中伏隔核和脑岛的活动会十分活跃，但当我们用信用卡消费时，伏隔核会照常工作，但脑岛似乎反应不过来，它并不了解“信用卡”的作用和意义。信用卡里的钱对于大脑而言似乎就只是一串数字而已，并没有什么实质性的含义，花出去了也就只是数字减少了。因此，脑岛并不会因为花了钱而有任何活动，消费也就顺理成章地完成了。这就和我们之前提过的“心理账户”理论有着异曲同工之妙，当我们使用信用卡时并不会将里面的钱与自己真金白银的钱相提并论，而是只有等到了月末账单发下来了，我们才会意识到，原来我真的花了很多钱。

20 世纪 80 年代，信用卡在中国诞生，但那时无论是国民经济还是个人消费观念，都没有发展到可以完全接受信用卡的程度，因此信用卡产业发展相对缓慢。到了 21 世纪，人民生活水平得到了极大地提升。随着改革开放的不断扩大和深入，国民的消费观念也发生了巨大的变化，从最初的“存钱消费”到后来的“超前消费”，我们越来越习惯用明天的钱做今天的事。信用卡的好处不用多说，方便了人们的消费，省去了携带现金的环节，最重要的是能累计个人信用，使用率越高信用度就越高，如果没有出现逾期等不良信用记录，那么在未来去银行贷款，能申请到的额度就会越大。

可惜，信用卡的好处千千万，许多卡民一个都没享受到，反而信用卡的弊端倒是都体验了个遍。当你想要买一套新款的衣服或是订一份外卖，你不会想到要去找银行贷款，因为这些钱太少了，但你会考虑用信用卡去支付，因此信用卡诞生的本质其实就是小额借贷。当你无法在期限内还款，银行赚的就是其中的利息。因此银行并不会“好心”地提醒你，你消费得太多了，他们只会盼着你多消费，这样他们才能挣得更多。银行会利用各种承诺、礼品吸引你去开卡，为了满足消费者不同的需求，银行会“因人而异”地制定不同的方式。尤其是调整透支额度，对于消费者而言，没有了眼前金钱上的压力，只会刺激他们无底线地增加消费需求。

当我们撕开信用卡神秘的外衣后，越发露骨的现实显示在了眼前，那就是我们无法控制自己的消费行为。很大的原因就是我们没有做好消费计划。在面对实际上的收入和期望中的消费时，盲目地跟随着信用经济，无法正确做出一个能在自己控制范围内的选择。我们更多地关注当下如何生活得更好，却忽略了未来生活有可能会出现的意外。每个人都有逃避心理，认为自己不会是那个被信用卡套牢的人。另外，在现代社会中，人们面临着各式各样的压力，为了疏解压力，许多人就利用疯狂购物来放松自己，这在心理学中被视为一种疾病。不能否认的是，购物在一定程度上确实能令人放松，但长时间如此就会消费成瘾。

有些人说“那我就永远不开信用卡，这样就不会控制不住自己”，这无异于和自己说“不能吃冰淇淋，因为我要减肥”。但是没了冰淇淋，还可以吃蛋糕和炸鸡。信用卡本身无好坏之分，只有从思想上真正认识到了问题的关键才能走出信用卡的圈套。因此，在办理信用卡时，我们就要根据自己的经济状况和消费能力，理性选择更为合适的信用卡。此外，信用卡最重要的一点在于“信用”，按时还款，不仅有利于养成良好的个人消费习惯，更能增加信用积分，为未来做准备。养成一个良好的理财习惯，也是避免冲动消费的有效方式，将收入根据不同需求加以分类，划出日常消费的资金，剩下的可以储蓄，也可以用来投资某个项目。

随着社会不断地发展，信用卡只会与现实生活更加紧密。从最初的单纯支付，再到与各类金融服务的结合，未来的信用经济会向着更为极致的方向发展，当我们开通一张银行卡后，思考的是它的附带价值。例如，哪张更适合经常坐飞机，哪张更适合经常与物流打交道。据市场调研机构 Merchant Machine 的最新报告，中国以 47%的占比成了全球移动支付最发达的国家。当我们的消费方式从以前的现金支付变为了信用卡支付，再到移动支付，我们的消费方式越发先进且便捷，但随之而来的盲目消费成了重中之重的问题。当我们连一张信用卡都控制不住时，我们又如何去控制自己的整个人生呢?

06 为什么产品会产生鄙视链条?

人们总是更喜欢自己拥有的东西

禀赋效应对价值判断的影响

鄙视链几乎存在于人类社会中任何领域内。其产生的根源、本质在于人类内心深处的虚荣心。那么产品之间出现的鄙视链，虽然表面上是体现在产品本身的特性，但究其根源，仍然是产品背后的使用者。

举一个最平常的例子——手机。在使用手机的同时，稍加留意的人，就会发现不同手机的使用者是存在鄙视链的，链条的最顶端往往是科技含量最高、价格也相对昂贵的那一款。最匪夷所思的是，手机使用者不仅会相互鄙视，还会为了维护自己使用的手机品牌而争得面红耳赤，尽管作为使用者，彼此都只是手机商的客户，但在争吵的过程中，仿佛各自已经是该手机的品牌代言人了。

这种现象并不仅仅存在于手机这一单独领域，事实上几乎任何产品都或多或少地存在这种现象，大到车子、家用电器，小到女士化妆品都会有各自的鄙视链条。自然，在形成鄙视链的过程中，处于顶端的厂商不可能毫无作用，但最终起着决定作用的，仍然还是这些产品的用户们。而这些产品可能是实体物品，也有可能是虚拟物品，或者是文化产品，甚至在文化产品这方面，鄙视链的现象更加严重。

王明一直很喜欢玩儿一款电子游戏，他不仅自己喜欢玩儿，也经常向朋友推荐。在他看来，他玩儿的这款游戏制作精良，游戏内核表现出来的哲理也很深刻，更不用说游戏体验本身也是近乎完美的。他和许多同样玩儿这款游戏的玩家一样，在夸赞这款游戏的同时，对其他的游戏就显得不那么友好了。尽管他并不会直接用很难听的词语去贬低其他游戏，但当看到有人提及时，他总是无法抑制内心对那些游戏的不屑感。王明并不是缺乏教养的人，他也极力不将这些不屑的神情表现出来，可是当与自己的玩友在一起时，他还是忍不住对其他游戏进行一番批判。

“某某游戏立意太小儿科，根本就是小学生才会玩的东西”“某某游戏的人物设计太糟糕，看起来就很假”“某某游戏的副本做得太差，我怀疑制作组有人吞了钱吧”……总之一句话，任何游戏都比不上他们正在玩儿的这一款。

有趣的是，虽然他们对其他游戏都很不屑，但是对正在玩儿的这一款游戏的制作公司制作的其他游戏毫不排斥，甚至还很期待。这种反差态度，如果是不了解的人，会觉得他们更像是那个游戏制作公司的内部员工。

事实上，王明玩儿的这款游戏的确十分优秀，他的那些批判基本上也都是事实，并没有胡乱贬低。有趣的是，其他游戏的玩家也有他们鄙视的游戏，虽然他们玩儿的游戏不如王明的那款游戏经典，但是还有许多比他们玩儿的游戏更差的游戏，这些人就可以通过去鄙视那些游戏，来平衡自身的虚荣心。

这里就出现了一个很有趣的现象，那就是，明明这些游戏并不是他们制作出来的，他们也只不过是游戏制作方的客户，但他们可以在维护这些游戏的过程中满足自身的虚荣心。

这其实体现的是行为经济学中的“禀赋效应”。在这种效应下，人们总是对自己拥有的产品格外喜欢，并且认为其他产品都不如自己拥有的。“禀赋效应”的出现，其根源在于人们对自身所有物的维护。那些通过购买获得的产品，尽管其有各自的制作厂家，但是当人们作为消费者购买了那些产品，那时候这些产品就成为这些购买者的私人财产。在产品与购买者之间，不再是陌生的独立关系，而是变成了从属关系。

一个产品，当它被摆在橱窗里时与它被人购买后放在口袋里时，对于购买者来说，意义是完全不同的。一旦购买行为落实，人们有可能对该物品产生了特殊的情感，这种情感使得购买者无法再将物品看作单纯的产品，而是会将其看作是自身的一种延展。这时候，维护产品便仿佛成了购买者分内的事情。

对于文化产品就更是如此了。文化产品本身是没有实体的，购买者即便购买到了那些文化产品，他们仍然没有拿到什么实实在在的东西。事实上，他们买到的只是这些文化产品带给自己的愉悦感。然而，正是因为没有拿到实在的东西，购买者缺少将物品放进口袋内的实感，这时候购买者就更有可能极力维护这些产品，来彰显自身对该产品的所有权。

所以我们会看到，在一些电影网站上，原本应当是观众的用户们，却如同电影制作者一般，为看过的电影鼓与呼，并且不同的观众还会彼此争吵，只是为了证明自己看过的电影更加优秀。其实这些电影不论被批评还是被赞扬，对于观众来说都没有太大利益关系，可观众还是会为自己喜爱的电影被他人批评而愤怒，其根本原因，也是因为此时这些观众已经将该电影当作了自身的所属物。

他们并没有购买到实体产品，但他们通过这种虚拟的文化产品获得了愉悦，在“禀赋效应”的作用下，他们认为这些电影是自己的精神私有财产。

如果我们可以跳出其中，从旁观者的角度去观察，就会发现整个事情是很滑稽的。不论是汽车、手机，还是游戏或电影，它们究其根本，只是商品而已，而消费者和观众也只是购买的一方而已。产品的宣传应当是制作方需要去考虑的问题。其实在整个环节中，购买者在拿出真金白银买下产品时，就已经完成了自己的义务，无须再去做更多的事情。

但是，人是有情感的，人的情感可以投射在许多对象上，可以是其他人，也可以是其他物品，对于那些已经属于自己的东西，我们也很难不产生更多的私人情感。

虚拟物品比实际物品更容易让人产生情感，其中一个重要原因是虚拟物品在很多时候就是为了调动人的情感而生的。游戏会让人在玩儿的过程中产生乐趣，电影、书籍会让人们的情感获得宣泄，当这些文化产品成功调动起人的情感后，甚至在购买行为尚未发生之前，人们可能就已经出现了“禀赋效应”。

既然有了情感的加入，这时候对价值的判断必然不可能客观和公正，即便有的人可以做到足够理智，也很难阻止将这些产品当作自己私有物的心态。只要存在这种心态，那么就很容易虚荣心作祟，对其他产品与自己使用的产品进行比较，比来比去，最后也就形成了一条系统的鄙视链。

同类型的产品之间会发生竞争是不可避免的，想要在竞争中拔得头筹，制造商就需要提高自身的产品质量和生产效率，仅仅通过舆论去打压其他产品，这或许在一段时间内能够产生作用，但这种作用很快就会被产品质量本身的影响所抵消。

在市场经济上的所有事例都告诉我们，虚假的舆论是无法主导市场的，左右市场的只有产品本身。可以说，这些鄙视链对于提高产品的竞争力来说并没有什么恒久性作用，能够处于鄙视链顶端的那些产品，原本也是因为其质量过硬。

而对于购买者来说，通过比较各自使用的产品而去满足自身的虚荣心，这也体现了人性的弱点，因为这些产品不论多么优秀，也都是制作方的功劳，使用方除了使用它们，并没有任何多余的联系。

07 为什么有些小作坊注定无法做大?

小作坊 VS 大公司

总有一批“死”得活该

2018 年的数据显示，前三季度国内生产总值为 650899 亿元，按可比价格计算，同比增长 6.7%。分季度看，一季度同比增长 6.8%，二季度同比增长 6.7%，三季度同比增长 6.5%。分产业来看，第一产业增加值 42173 亿元，同比增长 3.4%；第二产业增加值 262953 亿元，同比增长 5.8%；第三产业增加值 345773 亿元，同比增长 7.7%。

在国家经济稳定发展的当下，中小型公司的现状又是如何呢？根据统计数据显示，我国每天都有 4 万家左右的市场经济主体登记注册，从数量上看，中小公司占据了国民经济 70%以上；从功能上看，他们带动了城镇 75%左右的就业，创造了 50%的税收。这样大的经济贡献背后，暗藏的危机却更值得人们深思——我国中小公司的平均寿命不到 3 年。这就意味着，当一家小公司花了一年多的时间完成了融资与创立，经历了一年多的磨合与历练，刚步入正轨就要面临倒闭了。

成功的因素说起来大多一致，归结起来不外乎就是优秀的产品、恰当的时机、合适的领导人……反过来，失败的因素就复杂得多，可能是一次决策的失误、可能是发展方向的偏差、可能是一批失败的产品，也可能是老板的一时冲动……如果说有些公司的失败让人同情叹息，那么有些公司的倒闭只能说它“活该”了！

2003年，王生在深圳创立了一家培训公司，主打关于互联网专业的理论培训。王生毕业于加拿大西蒙弗雷泽大学商学院，他拥有一套自己的商业理论。在那个人人追求互联网，互联网追求高技术、超便利性的时代里，王生创新性地主打用户心理，他始终认为与其把互联网自身做大做强，倒不如抓好用户心理。他从国外拉来了四个自己的同窗好友，利用在西方学习的理论知识，与自己对中国互联网用户的理解相结合，打造出了一套针对国人的培训系统，一时间无论是初出茅庐的创业者，还是实力颇强的商业大佬都一窝蜂地报名参加培训。公司创立仅3年，年销售额就达到了600万元，而当时他们只是一个仅有十几个人的小团队。

随着经济的快速发展、互联网行业日新月异的变化，王生以四年两家分店的速度，在成都和重庆分别开了直营公司。还是而立之年的王生便成了当时业内的领军人物，被称为“互联网之鹰”。在王生还在观望着互联网江山、规划着自己职业蓝图的时候，公司的发展却渐渐脱离了他的控制。首先，他发现成都和重庆开的直营公司，虽然也有深圳这边的老员工过去担任领导职位，但始终无法像深圳的公司一样形成完整的培训链条。经过王生的实地考察，发现成都和重庆两地的市场小，公司培训质量不高，业务人员对培训的内容不熟练，经常偷懒、钻制度的空子。这两个地方培训质量低下直接导致成交量下降，成交量的下降又反过来影响了公司以及王生个人的信誉。另外，过于老套的培训内容成了阻碍公司发展的最大障碍。于是，王生的团队将重点放在了老套内容的翻新与巩固上，虽然为了迎合市场，王生团队对培训内容做了极大的调整，但归根结底还是新瓶装旧酒，无法准确抓住客户真正需要的东西。之后的十几年间，公司销售额始终不温不火，接手的多个咨询项目，大多草草收场或不了了之，续签的公司一年比一年少。为了扭转亏损局面，王生关掉了成都和重庆的两家公司，即便如此公司依旧是连年亏损，勉强为生。

说来也是讽刺，一个凭借用户心理发家的公司，却最终败在了没抓好用户心理上。王生拥有当时较为先进的理论知识，并成功地“学以致用”。有一支强有力的团队在帮助王生，几个合伙人都是同校的好友，有着共同的志向以及极强的业务能力；此外还有一个十分重要的原因就是，他拥有别人没有的商机，在最初走在了行业的前列。很多时候一时的成功，就在于老天是否“选择”了你。王生的优势还有很多，但公司从一开始就埋下了失败的种子。

每个公司一开始都是有理想的，可能够承接这份理想，真正走向成功，成为伟大的企业，其数量并不多。大多数公司以伟大启程，却最终走向了平庸，注定无法做大做强。

纵观国内大多数的中小型公司，我之所以不将其称为“企业”，是因为他们还没达到可以成为企业的实力，即使它已经经营了十几年，有的老板已经资产千万，但他们仍然只能算是一个初步的生意人，谈不上是企业家。这些公司大多有着相同的特点：多年来规模不大，尝试突破却屡屡失败。他们真的没有能力吗？不一定！他们有能力吗？也未必！

从生意人本身来讲，这些人绝对称得上是白手起家的励志人物，他们所遇到的困难与抉择，不一定就比马云、李嘉诚少，但最终错失了将公司做大的机遇，说到底还是少了一份企业家的素养。成功者需要的是大刀阔斧的勇气和破釜沉舟的毅力，二者缺一不可。如果你只知道低头赚钱，那么恭喜你，离成为第二个王生就不远了。王生失败的最大原因就是他与整个社会的发展脱节了。他最初是难得的时代弄潮儿，紧紧把握住了顾客的需求，所以他成功了。而到了后期，在公司步入正轨后，他只顾着给别人培训，却忘了自己也需要学习。

大多数的小公司只知道循规蹈矩，人云亦云，看别人做服装成功了，自己也做服装；看别人扩大了营业范围，自己也扩大。最终导致公司与产业脱轨，无法承担相应的市场冲击。而小部分的公司则与前者不同，他们有着新式的思维，PayPal 的创立者彼得·蒂尔在创作的书《从 0 到 1》中曾表示“一个新公司最重要的力量是新思想，新思想甚至比灵活性更重要，而规模小才有思考的空间”。

想要做一棵大树的生意，就别种草的种子。这就是境界。要求你在一开始就对自己的公司有一个明确的定位，公司究竟要做到怎样的地步，凭什么做到，公司存在的意义又是什么？如果将定位做好了，那所有的问题都有解决的基础。你知道自己该在什么时间做什么事情，而不是到处抱怨员工既招不到又留不住、行业不景气、政府不支持……思考清楚自己想要的究竟是什么。连自己都浑浑噩噩，却一味寄希望于外界因素上，失败是迟早的事情。

著名的全球购物平台“亚马逊”作为一个网络电子商务公司，从一开始就聪明地没有将自己定位于电子商务公司，而是

“放长线钓大鱼”，不追求一时的利润，着力追求长远发展。在创立之初，亚马逊只做图书销售业务，当在行业上占有一席之地后，亚马逊公司便开始了“肆意”扩展。销售范围扩大到电子产品、家居园艺用品、玩具、食品、服饰、鞋类、珠宝以及户外用品等。此外，亚马逊公司也在不断招揽大量的技术人才和商务人员。就是一个这样的公司，始终吸引着投资者源源不断地往里投钱。这又是为什么呢？就是因为当初亚马逊的准确定位，亚马逊招揽了大量人才，又将自己每年盈利的大部分投入对企业长期发展有利的项目中。而 2018 年的全球富豪榜也显示了亚马逊真正的实力，亚马逊创立者贝索斯，击败了比尔·盖茨、股神巴菲特。

如果你还没学会将目光放长远，那你只会越做越小。立竿见影固然重要，但那只适用于解决生存问题。有着长远眼光才是真正能促进公司发展的关键，你不能期望自己一时的举措就能带来巨大的收益，甚至是希望自己在行业中一家独大。古人云：近朱者赤，近墨者黑，当你一门心思与自己同层次的公司竞争，甚至是打压比自己小的公司，那你自身也就与那些小公司不相上下。当年肯德基陷入“病鸡事件”时，麦当劳主动站出来为肯德基说话，力证肯德基的鸡肉没有问题。难道是麦当劳看见多年的“老伙计”陷入危机动了恻隐之心？当然不是，麦当劳看得很清楚，虽然现在公众的火力是一致朝向肯德基，但谁又能保证同性质的麦当劳不会被连累成为下一个针对的对象？马云曾经说过，做企业不是要打败别人，而是要不断地给别人创造机会，完善别人。

当然，不是所有的企业都是麦当劳，都有这种极强的大局危机意识；也不是所有的生意人都是贝索斯，有这样强大的掌控力。毕竟成功者还是少数，大多数失败者早已默默无名地被历史的浪潮冲走。很多时候想成功需要学的不是成功者的所作所为，而是他们的思考方式。

08 为什么天下没有免费的午餐？

任何事情需要付出代价

利益才是驱使一切的根本

“天下没有免费的午餐”是一句古老的谚语，这句话告诉了人们一个最简单的道理，那就是不要去贪小便宜，因为没有人会无缘无故让你占便宜。

那么，为什么世界上没有免费的午餐？其实答案很简单，因为在非做慈善的情况下，没有人会损失自身的利益去成全他人。

从“午餐”的本意来说，要做一顿午餐，首先需要购买原料，其次需要付出劳动，这些都是成本，而耗费了成本去做这顿午餐的人并不是一个慈善家，而是一个通过障眼法来为自己谋取利益的商人。而从他那里获得午餐的人，必定已经被他视为了猎物，他最终总要从猎物身上取回他想要的一切。当然，这里的午餐，可以指所有的利益、便宜、享受等。商人的目的只有一个，就是赚钱。不论他通过怎样的手段，最后他都是想要获得利益的，一个商人不论打出怎样的旗号，作为消费者，都要看清楚商人盈利的本质。

小秦曾经告诉我她的亲身经历。她在一次同学聚会上遇到了多年不见的高中同学。酒桌上，同学十分神秘地告诉了小秦一个秘密，那就是自己正在参与某个投资项目，这个项目是可以赚大钱的，只要前期肯投入，最后就能获得百倍甚至千倍的收益，这是实打实的天上掉馅饼。同学问小秦有没有加入的意愿，小秦当时是有些犹豫的。尽管小秦对同学口中的项目十分感兴趣，但毕竟涉及金钱问题，小秦多少有些谨慎。那个同学很不屑，他表示是看在多年老同学的分上才把这个事情透露给小秦，毕竟这个项目很少有人知道，大家都在闷声发大财，多一个人分羹，到每个人手中的钱就会少一点。同学表示小秦如果不愿意加入他也无所谓。

既然同学这么一说，小秦就有些动心了。第二天，小秦就决定加入同学所说的项目。于是，同学带着小秦来到了该项目的办事处，小秦以 5 万元入股了该项目，并被告知一年后这 5 万元就会变成 500 万元。

小秦也不知道是中了什么邪，竟然真的就这么相信了该项目负责人的话。几个月过去了，小秦联系同学问他进度时，同学只是让她等待。又过了大半年，小秦再次联系该同学时，却发现该同学已经换了手机号。小秦开始心慌了，这时她才发现自己根本没有该项目负责人的联系方式，一切手续都是同学带着她办的。小秦不死心，又联系了其他同学，让他们帮忙找到该同学，然而其他同学告诉她，该同学早就被大家拉入黑名单。

这时小秦终于恍然大悟。

小秦告诉我，她不否认自己之所以会落入该同学的圈套，其中的一个原因就是看到了该同学参加聚会时的风光模样，并产生了羡慕之心，那时候小秦的潜意识希望自己能与该同学一样风光。然而小秦并没有去深究如何合理合法地成为与该同学一样"成功的人"，她只是鬼迷心窍，信了该同学说的投资捷径。如今该同学已经完全无处寻觅，虽然小秦报了警，但警察也告诉她这笔钱追回来的希望十分渺茫。

贪小便宜会吃大亏，这是每个人都知道的道理，但真正在面对小便宜的时候，很少有人能保持理智而不去贪一把。因为人们往往心存侥幸，会觉得说不定幸运之神真的选中自己，说不定自己真的就吃到了天降的馅饼呢。

在街头上，时常会有一些送各种礼品的人，虽然送的礼品是免费，但是会要求领取礼物的人做一些事情，比如注册一个 App，或者留下个人信息，等等。由于不需要花钱，所以很多人都觉得自己是占了便宜，殊不知自己早已经落入对方的"陷阱"。

这种免费送礼品的组织，一部分是宣传自身产品的商家，还有一部分是纯粹的诈骗团伙，他们通过让人们注册自己的 App，来盗取这些人手机上的信息，从而盗取他们的金钱。

即使是真正商家的送礼行为，从用户的角度来说，在活动期间，用户的确是享受到了一定的实惠。不过，从商家的角度来说，这些最初享有实惠的用户们，是替自己做了廉价的广告。比如，某饮料商家推出了一款新口味的饮料，为了能够让该饮料在市场上取得更好的成绩，他们决定某一天在商场门口免费发放 3000 瓶。那一天，从商场门口路过的人们几乎都喝到了一瓶免费的饮料，而其中那部分认为该饮料很好喝的人，以后去超市购买该饮料的概率必定会十分高。即便不会去超市购买该饮料，他们也了解到了该饮料的存在，当身边有人想要购买饮料时，他们中的有些人就会提出建议。

虽然商家发放了 3000 瓶免费饮料，其获得的广告效益却非常之高。这 3000 瓶饮料消耗商家的成本还不到一万元，而想要获得同样的广告效果，通过广告公司来投放的话，成本甚至会达到十几万元。从营销的角度来讲，商家其实是占到了便宜。至于那些喝到免费饮料的人们，尽管他们认为自己毫无损失，但他们并没意识到的是自己免费帮商家做了广告，这实际上也为商家创造了价值。这也是为什么很多商家和机构都会组织一些免费的活动让大众参与，之所以免费，并不是真的想要做一场慈善，其真正目的仍然是打开自身的知名度，来吸引更多的顾客。

不过，尽管为商家做了免费广告，到手的实惠仍然是真实的，所以很多人即便对商家的手段心知肚明，也仍然会去抢那些限量免费的机会。这些实惠对生活来说，可以算是无伤大雅的点缀。可是遇到那些看起来很诱人的大利大惠，就要小心警惕了。

从经济学的角度来说，一切经济行为最终都要归结于利益。这种利益可能是有形的，也可能是无形的。“天下没有免费的午餐”，一方面告诉了我们，只有付出才能有回报，另一方面也告诉了我们，当有人表示想要提供给你好处的时候，就意味着对方对你有所求了。

当然，当需要做慈善时，那些被慈善家们眷顾的群体仍然会获得免费的午餐，但是这种慈善行为仅仅存在于雪中送炭的情况，没有任何一个慈善家会给一个不饿肚子的人免费的午餐，或者给一个锦衣玉食的人大量金钱。所以，如果一个人自认并没有达到需要被人捐助的境地时，却得到了免费的午餐，那么就应当格外警惕。

你有可能在第二天就中了天价彩票，也有可能在公司抽奖时抽到特等奖，还有可能不经意买到的一只股票忽然暴涨……这些事情都有可能发生，但是其发生的概率十分微小。所以，与其将希望寄托在这种天降馅饼的事情上，倒不如勤勤恳恳去付出，安安心心去迎接收获。

09　为什么我们会回避自己的损失？

损失厌恶引起的鸵鸟心态

找到合适的风险规避机制

人们在经济行为中，经常会产生一种回避损失的行为，发生这种现象的前提多半与利益相关。

回避损失体现在两个方面：一方面是在损失未发生之前，人们会做出各种各样的选择避免发生损失，另一方面则是在损失发生之后，人们会有意地回避自己经历的损失。当然，还有一种回避损失的现象，是介于两者之间，那就是在损失未发生之前，人们因为预料到必将发生损失，从而刻意去逃避即将到来的损失。

当然，以上的这些现象，虽然性质不同，但其产生的原因都来自同一种心理，那就是在行为经济学中的“损失厌恶”心理。

当损失未发生时，人们会采取各种措施去避免发生损失，这种措施时常包括失去得到的机会。比如在股市中，有时候为了防止自己的股票下跌而失去收益，人们往往在股票上涨时就早早将股票卖出，虽然后续自己很可能获得更多的金钱，但人们认为失去已经得到的金钱更加严重，所以他们宁愿放弃可能获得的更高收益。

如果损失已经无法避免，或者为了避免损失要付出很多代价，这时候人们则会有意逃避自己即将遭受损失这件事。比如股票已经下跌，股价已经比购入时的价格还要低，从股市盘面上来看，这种损失已经形成，但是只要不卖出股票，这损失就仍然是“薛定谔的猫”，仍然没有被具现化，此时人们就会选择保留下跌的股票。那些股票被套牢多年不取出的人，其中固然有抱着一线希望，认为有朝一日股价还会上涨的人，但更多的人，只是不想将这个损失变成现实，他们只是认为只要一天不取出股票，那么自己的损失就能晚一天发生。

当然，如果损失已成现实，这时人们唯一能做的，就是忘记自己遭受了损失这件事。比如很多投资失败的人，他们在失去大量资产，甚至还为此负债后，往往并不是去总结失败的原因，寻找新的方案，而是从此一蹶不振，对投资这件事敬而远之，对于过去的一切回忆都不愿意提及。

这并不是因为他们不优秀，也不是因为他们不够聪明，他们只是无法承受面对损失时的痛苦。就好像经历病痛的人必须要使用各种麻醉药物一样，经历失去的痛苦的人也需要通过回避来麻痹自己，仿佛只要感受不到痛苦，自己经历的一切就像未曾发生过。

小齐的经历就很典型：他所在的单位每年都会进行职称考试，通过考试的人，其职业评级就会高一级，相应地，其工资也会有所上涨。小齐的很多同事每年都去参加考试，有的人能通过，有的人则通不过，至于小齐，他却一次都没去参加过。每次到考试的那个月，其他同事都会积极准备应对考试，而小齐则逃避一切关于考试的讨论，如果有人聊起考试的相关内容，小齐总是选择戴上耳机听歌，或者干脆找借口出去散步。总之，小齐不但自己从来都不参与那个考试，他还无法接受任何人讨论关于考试的各种信息。

那么，小齐自身究竟想不想获得更高的职称，从而拥有更高的工资呢？他当然想，但他并不着急准备去考试，他只是想等待，等待水到渠成的那一天。当身边有人问他为什么不去参加考试时，他的答案也永远是那一句话：“我还没有准备好。”但没有人知道他究竟是想准备什么，毕竟其他人去进行考试，也只是在考前的那两个月背一背题而已，小齐准备了那么多年，实在不知道还有什么是需要他准备的。

而小齐这样的人还有很多很多，他们中的有一些人能够明白自己究竟在犹豫什么，有的人则一辈子都弄不清楚自己到底缺少了什么东西。其实他们的心态很简单，他们并非是所谓的“没有准备好”，他们只是害怕失败。因为害怕失败，所以从一开始就不去尝试，这样他们就会有一种自己并没有失败的错觉。说到底，这也是一种损失回避的体现。

如果放在前面说的几种情况里，小齐就属于第一种，即当损失还未发生时，采取各种措施去避免损失的发生，选择干脆不去做那件可能会让自己有损失的事情，即便那件事情一旦成功会给自己带来巨大的收益。

从小齐的事例就可以看出，回避损失其实是一种十分消极的心理表现，如果人们仅仅是因为害怕损失就不去进行各种挑战，那么整个人类文明都是无法进步的。

不断地回避损失，最后很可能是遭遇更大的损失，这是许多历史经验告诉我们的道理。因此，当自己的身上出现损失回避的现象时，就应当警惕起来，立刻意识到自己正陷入一个十分危险的状态，要有意识地逃离这种状态。

我们说，挑战风险是需要有足够的勇气的，因为挑战风险后的结局很可能是失败，但是即便失败了，它也好过坐以待毙，也好过因为不作为而令自己后悔终身。

其实许多企业也存在这种状况。这个时代是在不断向前发展的，也是瞬息万变的，那么身在这个时代之中的我们，也应该不断调整自己去适应时代，否则就会被时代淘汰，而作为要在这个时代中生存的企业也是如此。

很多企业在建立之初都有自己的原则和方向，当企业建立起来之后，这些原则和方向便很难改变了。而随着时代的变化，很多企业原本的方向就会渐渐变得不再适应当下的时代，这个时候，就需要进行变革。但是多数企业都不愿意变革。原因很简单，因为企业当初是按照老一套方式生存下来的，既然过去可以生存，那么继续按照老一套做法，起码是不功不过，如果随便变革，反而有可能伤害企业。为了避免因变革而给企业带来的损失，很多企业选择原地踏步，最终难逃被淘汰的噩运。在我们的记忆里，有许多优秀的企业，那些名字在我们的童年中留下过深刻的印记。而如今，很多企业都已经彻底消失了，甚至有些企业即便到了破产那一天，都很少有人讨论。有人认为是时代的进步抛弃了那些老企业，事实恰恰相反，是这些企业因为害怕变化，而放弃了前进的步伐。

当然，损失回避也并非全都是弊端，并不是所有回避损失的情况都会带来糟糕的结果。损失回避原本只是人们过分谨慎的表现，正是因为害怕损失，这样人们在做各种冒险时总会格外小心。想象一下，如果一个人完全没有损失回避的心理，如果一个人对损失完全没有任何痛感，那么他们做任何事情的时候就很可能鲁莽行事，很可能不考虑后果而做出错误的决定。

不过，要体现损失回避的优点，前提仍然是要能够勇于面对损失本身。只有敢于承担损失，才能敢于尝试，只有在尝试的过程中努力避开损失的产生，才能在损失最小的前提下最终获得成功。因此，我们不必对损失回避的现象过于厌恶，但同时也要有意识地去对抗那些会产生损失回避的心理，也就是因抗拒损失而完全放弃尝试的心理。

作为企业，尽管有些尝试可能在短时间内给自身带来很多损失，但只有不断尝试，才能最终找到一个更有效的发展方向，在时代不断前进时仍然走在时代的前端。作为个人，不论是经济行为也好，还是各种生活中的行为也好，都要尽力去克服对损失的恐惧，要克服因为害怕损失而完全不作为的懦弱，要尽量以理智的头脑去分析一条更合适的解决之道，遇到问题时，不是直接避开问题，让雪球越滚越大。

10 为什么有时会相信或者不相信小概率事件？

有人坚信自己会中奖

有人怀疑自己会生病

面对小概率事件，很多人往往会表现出一种十分有趣的反应，他们不认为会碰上小概率的倒霉之事，又都觉得自己有机会赢得彩票一等奖。

明明两者在概率上来讲都差不多，但是人们对它们的相信程度完全不同。当然，说起来这似乎很正常，因为中彩票是好事，被石头砸到是坏事，比起坏事，人们当然更希望自己的身上发生好事。

不过仅仅这样笼统地解释人们对小概率事件的盲目判断还是不够的，毕竟不论是相信小概率的好事，还是不相信小概率的坏事，从人们的相信程度上来说，都未免太过乐观了。

小概率事件，简单地说就是几乎不可能发生的事。不过，既然有“几乎”两个字，就是没有完全杜绝小概率事件的发生概率。虽然总有许许多多的人坚持买彩票，而其中能中到奖的只是千万分之一，但人们还是乐此不疲，哪怕自己更有可能成为万千分母中的一员，可他们还是想赌一个自己是分子的机会。从旁观者的角度来看，这是很愚蠢的行为，但从长远的角度来看，人类文明的进步，也恰恰需要这种乐观的心态。

其实我们在谈起行为经济学中的各种心理效应时，多数都在谈这些效应会对我们的判断产生多大的影响，在谈这些效应会让我们做出错误的经济行为，但实际上，这些心理效应，都是人类能够得以延续至今的优点。不论是“时间贴现理论”，还是“损失厌恶理论”，它们尽管在短时间看来，总是会带来负面影响，但从长远上来看，它们其实是在促进人类文明的发展。

对小概率事件的盲目相信也是如此，毕竟人类要前进，有时候就是要带着一种近乎盲目的希望。当然，这只是从总体大局来看，如果具体到个人，那过于盲目的判断则未必是好事了。

徐林是一个基层的公务员，虽然平时赚的钱并不算多，但也足够保证他的温饱。他平时并没有什么特别的爱好，也就没有什么花大钱的机会，因此几年下来，也攒下了点小钱。这笔钱他本打算用来作为结婚基金，希望未来能够用这笔钱跟未来的女朋友共同建立一个温馨的小家庭。当然，他当时还没有女朋友，所以每天下班后，他除了去附近散散步，回家后就只是躺在床上看看手机。

某天徐林正在看手机时，收到了一条短信，短信内容说他的手机号中了20万元的特等奖，要他注册某个网站去领奖。他立刻从床上跳起来，奔到电脑前去打开了那个网站。按照网站提示的方法，他迅速注册成了会员，打开会员界面，果然收到自己中了20万元特等奖的提示。徐林当时按捺不住兴奋的心情，点开了领奖的按钮，对方提示要他输入银行卡，他想也没想，就输了进去，又提示要他输入密码，他也立刻输入了进去，接着网站提示要他等待。他就这样坐在电脑前等了又等，但始终没等到20万元入账的消息。又等了一会儿，他终于收到了银行发来的短信，短信提示他银行卡被取走了 2 万元。

他顿时蒙在当场，这才意识到自己被骗了。没想到他一个正经大学毕业的国家公务员，也会被这种低劣的手段骗到，说出去都会成为笑柄。

他迅速去银行冻结了账户，并且报了警，警方告诉他钱能追回来的可能性微乎其微。此时已经清醒过来的徐林也在思索这个问题，为什么当初自己竟然会相信这么漏洞百出的骗局？怎么他就被一个短信骗昏了头？

许多经济诈骗都是这样，上当的人往往并不都是愚钝没文化的人，在很多经济诈骗案中，上当的人囊括了各种行业的人。任何人都有可能上当，而那些让他们上当的骗局往往十分简单，甚至不需要绕多大弯子就可以揭开骗局。这种时候，人们会上当，已经不是因为骗局有多高明，或者因为上当的人有多愚蠢了，他们之所以会上当，纯粹是因为对小概率事件的盲目自信，是因为他们的侥幸心理。

在解释人们对小概率事件盲目自信的心理之前，应该先了解的是一个行为经济学中的著名理论——“前景理论”。前景理论是由心理学家卡尼曼提出的，这个理论描述了一个最简单的现象，那就是人们在面对失去时会选择风险追求，而在面对得到时会选择风险规避。

之前我们提到过的损失厌恶，正是前景理论的一个分支。应该说，损失厌恶正是前景理论会产生的原因。因为人们比起得到，对损失的反应程度更大，所以在面对任何决策的时候，人们宁愿得不到，也不愿意发生损失。因此，如果一个决策可能让自己得到，也可能让自己损失，这个时候人们就会选择拒绝，而如果一个决策可能会挽回自己的损失，也可能会承受更大的损失，这个时候，人们往往会去铤而走险。

对小概率事件的反应也是前景理论的分支之一。在前景理论中，人们面对盈利时是风险规避者，而面对损失时，则是风险喜好者，但在小概率事件时，却又截然相反。在小概率事件中，人们面对盈利时是风险喜好者，而面对损失时反而是风险规避者。这看起来与前景理论相违背，其实不然，小概率事件恰恰解释了前景理论的根本道理。

因为不论是风险规避还是风险偏好，关键还是在于人们是否愿意承受损失。

其实，前景理论并不只是单纯地描述对损失和得到时人们对风险的态度，准确地说，前景理论是在描述一个数值，当损失和得到的比例达到一定数值时，人们的风险偏好就会改变。

比如，尽管人们在面对损失时会喜好风险，面对得到时会规避风险，但是如果得到的数额很大，远远大于损失，这时候人们就会变得偏好风险了。

作出一个决定，可能损失 200 元，也可能得到 100 元，这时候几乎绝大部分人都会选择不作这个决定；如果改成可能损失 200 元，也可能得到 200 元，这时候选择不作这个决定的人就会少一点，当然，大部分人还是会选择拒绝这个决定。这个时候，把得到的 200 元换成 400 元，很多人就会开始犹豫，如果再换成 4000 元，甚至 4 万元，选择作这个决定的人就会变成大部分。

如果把得到的部分变成 400 万元呢，这时候几乎所有人都会作出这个决定了。

毕竟跟 400 万元比起来，损失 200 元实在不算什么。

当然，可能损失200元也可能得到400万元，这种事情不论是出于任何条件下，都只能是小概率事件。

人们对小概率事件的盲目乐观，正是因为损失与得到之间差异太大了。

在很小的损失和巨大的利益之间，人们更愿意去追求那个更大的利益，更愿意去冒那个险，而当利益大到一定数额的时候，人们甚至不会认为这是一场冒险了。

买彩票就是这样，你只需要花2元钱，却有可能得到上百万元的奖励。跟上百万元比起来，两元钱根本不算是什么钱。但是如果让一个人花2元钱去买一个最高大奖只有4元钱的彩票，他会觉得自己除非是疯了，否则肯定不会那么做。

因此我们说，与其说人们对小概率事件会盲目相信，倒不如说人们在面对小概率赢利事件时总是风险喜好者。

徐林就是这样。一个手机号能够中20万元，只要注册网站就能拿到20万元的事情，绝对是小概率中的小概率，但是徐林还是相信了，其实原因很简单，因为付出和收获之间差距实在太大了。他只要动动手指，只要打开网站，就能得到20万元，这种诱惑是非常大的，大到他可以忽略这个事情后面的逻辑硬伤。

其实对小概率事件的盲目相信，反映出了人们对利益的渴望。许多时候，人们不愿意做出追逐利益的选择，是因为人们害怕失败而带来的损失。如果小概率事件不需要承担多少损失，人们在面对小概率事件时，很容易会盲目乐观。

不过，在面对小概率损失事件时，人们则更加倾向于不愿意去相信。因为当人们面对损失时，总会希望它并没有发生，而如果可能性极低的事件发生在自己身上，人们则更希望自己至少是不那么“幸运”的平凡人的一员了。

说到底，不论是相信小概率事件也好，不相信小概率事件也好，根本原因就是人们不愿意去面对损失。对小概率赢利的盲目乐观体现了人们对利益的渴望，通过对小概率赢利事件和对大概率赢利事件的态度的对比，就能看出决定人们做出决策的往往是损失的大小，而不是利益的大小。

事实上，不论是对于小概率事件，还是大概率事件，我们都应当保持一颗平常心，应当尽量用客观理智的思考方式做出决策，而不是根据自己的一时冲动，往往导致最坏的结果。

11 为什么我们更喜欢买品牌商品？

品牌风 VS 山寨货

我们相信的是品牌的质量，更是品牌的力量

这是一个品牌制胜的时代，也是一个品牌危机的时代。管理学大师彼得·德鲁克也曾说过“企业是社会的一个器官”。毫不夸张地说，品牌就是商品上的神经元，以四两拨千斤之功能影响着整个企业，如果品牌出现了问题，企业也将陷入瘫痪。

我认识一个女鞋企业的老板，她因为好奇在同等消费能力的前提下究竟是什么决定了最后的消费，她派人在多个企业里发放了 1000 份调查问卷，调查主体就是企业中的白领。在这次调查中，回收有效问卷 760 份，其中男性有 432 人，女性有 328 人。调查显示将价格放在第一位的人数占了 36%，看重品牌的消费者占了 27%，认为质量才是首位的占了 12%，舒适度为第一位的仅占 9%，剩下还有 16%则认为款式、售后服务、购物环境等其他要素才是影响消费的主要因素。抛开价格的影响，品牌成了影响消费的重要因素。

那么，品牌究竟是什么？我们又为什么将品牌看得如此重要？

你问一个卖文具的什么是品牌，他会告诉你能让学生来买就是品牌；你问一个设计师什么是品牌，他会告诉你有艺术性的创作就是品牌；你问一个做餐饮的人，他会告诉你食物好吃就是品牌。如果要彻底解释清楚品牌的定义，这恐怕不是一本书能讲得清的，其中所蕴含的理念包括行业核心、企业发展、产品定位、企业家格局以及消费者需求等各种要素。简单来解释，品牌实际上就是一种文化心理追求，当消费者愿意在你家花 20 元钱买一个 10 元钱的东西，从某种角度来讲，你的品牌就树立起来了。

那么，品牌等于名牌吗？在一定程度上似乎是可以画等号的。品牌等于高价吗？当然更不是。当淘宝成了网购的代名词，当可乐概括了碳酸饮料，当提到凉茶人们就想到王老吉，品牌就树立了起来。品牌实际上是企业在消费者心理上的一张信用名片，因为消费者信任你、选择你，提到一个产业能想起你的产品，这才是真正的品牌，消费者买单的是一个品牌，更是一份信任。那么品牌究竟有什么用呢？举一个反面的例子，也许你就能清楚地了解品牌究竟有什么用。

2008 年的三鹿毒奶粉事件，动摇了整个中国的奶粉行业，时至今日，人们提起毒奶粉还心有余悸。三鹿集团的前身是“幸福乳业生产合作社”，成立于 20 世纪 50 年代。经过半个世纪的发展，成为中国奶粉品牌的领头羊，据说当时每 10 个喝奶粉的小孩儿，其中就有 3 个喝的是三鹿奶粉。但就是这么一个前途光明的企业，在 2008 年被爆出质量问题，从当年五月开始发现有婴儿食用三鹿奶粉后暴发了婴幼儿结石，到九月的时候仅甘肃省内就发现了 59 例因食用三鹿奶粉患有结石的婴幼儿。经过三鹿集团自检后发现部分批次的奶粉受到了化学物品三聚氰胺的污染，在这件事情的影响下，国家质量监督检验检疫总局对市面上的所有婴幼儿奶粉进行检测，结果显示有 22 家企业生产的 69 批次产品也检测出了不同含量的三聚氰胺。一时间，所有家庭都转而去买国外的奶粉，由此引起的“奶粉热”甚至登上了国外新闻报刊的头版。一家企业的错误让整个中国奶粉行业跟着买单。

一个品牌的诞生代表的是整个行业的品质核心，“可口可乐之父”罗伯特·伍德鲁夫曾说过：“即使可口可乐的工厂被大火烧掉，给我三个月时间我就可以重建完整的可口可乐。”从企业本身来看，当我们拥有一个品牌后，得到的不只是一个特殊的logo，而是企业的“储存罐”，里面积攒着企业的形象、信用和产品的价值格局，它是一个企业塑造知名度和美誉度的标准。品牌的英文“Brand”来源于古挪威文字，原意是“烙印”，最初是手工艺者为了将自己的产品与其他产品做区分，这就是品牌最初的作用，也是最重要的价值所在。当自己的产品与其他同类型的产品有了区分以后，就完成了销售的第一步——思想预售。当消费者在购物前已经想到了你的产品，甚至已经想好了你的产品中的哪个型号的产品，这就是在思想中已经完成了产品的预售。能做到这一点，很大程度上就是顾客看重你的品牌，从心理上认同你产品的内在价值。

此外，品牌的树立也在行业中立下标杆，防止了主动或被动的恶意价格竞争，确保了整个市场的平稳运行。举一个简单的例子，我们平常在品牌店里买一件套装的衣服，要几百块钱左右，结果我们在街边小摊看见了一模一样的衣服，标价 80 块钱。当我们花几百块钱去买这件衣服的时候，我们不会去思考砍价的问题，因为衣服的样式好、质量好、穿着舒适（当然不排除个别品牌店存在以次充好的恶劣现象）。但当你花 80 块钱去买一套非品牌衣服的时候，你依然会觉得自己买贵了，应该用更少的钱买下它。因此，品牌的存在保证了产品价格的稳定性，因为企业产品的价格制定需要综合成本、市场、对手价格、顾客需求等多方面的考察，这样就防止了物品价格的不正常浮动，排除掉价格上的恶意竞争后，消费者会选择哪家品牌看的就是企业自己的能力了。

当一个品牌打响后，随之可以带给企业的利益将难以计算。当一个新产品从诞生到进入市场再到被消费者接受，其中需要经历很长一段时间，许多新产品就在这长时间的消耗中无奈退出了市场。但这时如果有一个知名的品牌为其保驾护航，结果就不同了。品牌帮助产品更加快速地被消费者熟知并且接受，新产品则为品牌注入更为新鲜的血液，吸引更多的消费者。当初的海尔集团以冰箱进入人们的视线，时至今日海尔的空调、热水器、洗衣机同样被人们追捧。有了海尔品牌的保证，消费者更能相信新产品的质量。

品牌体现在消费者身上，最重要的一点就是“认知”。当我们打算要换个手机时，我们思考的是我究竟要换 iPhone 还是华为，而不会去纠结我买的那个手机屏幕是 OLED 材质的还是 GPU 的。因此，品牌的存在一方面能帮助消费者做出选择，另一方面则是保证了消费者的权益，降低了购买的风险性。品牌对于一家企业而言是一种“无形”的资产，市场上的商品琳琅满目，如果每样都让消费者自己挑选，既耗时又耗力，甚至到最后做的都是无用功。有了品牌就不同了，消费者已经提前了解了你们公司的产品，心中已经有了一个衡量的尺标，在购买的时候能更为准确而快速地做出选择。

除了这些最基本的需求外，不同的品牌给予消费者的内涵也是不同的，反之消费者从品牌所索取的东西也不同。例如手机中iPhone所代表的创新与完美，华为所代表的细节与沉稳，不同消费者会有不同的选择。当他们购买一件产品时，不自觉地会流露出自我个性的展示，也会期待产品本身能符合自己的内心预期。当不同的品牌所展现的风格不同时，就会出现所谓的“高低档”之分。我在之前的文字中强调过，品牌不一定等于高价，但之所以大多数的品牌价格都相对较高，实际上是因为其产品本身所需要的成本较高。因为产品本身的高质量决定了其高昂的价格，从而也就在消费者心里挂上了“奢侈品”的牌子。

经济学家托斯丹·邦德·凡勃伦在19世纪提出了一个“炫耀性消费”的理论，意思是人们花钱大多是为了向别人彰显自己的财富和地位。这是因为人们内心总是期望能获得外界的认可，那么在这个过程中自己内在的能力无法在一瞬间表现出来，这个时候就将目光放到了我们身边的物品上。当人们把品牌与奢侈混淆，就丢失了品牌原有的价值，无论是普通产品还是奢侈品，如果消费者自己有发自内心的优越感，那么即使用一个20块钱的东西也能使出2000块钱的风范。

产品本身只是一个工业制品，它没有任何意义和活力，真正有生命力的是品牌。它是时间和思想的积淀，它就像一面镜子，镜子里是企业，镜子外是社会。它除了要展示出需求，更要表现出一种情感和价值观。“相信品牌的力量”这短短的一句话，虽然只有七个字，其中所表达的含义却是无穷尽的。品牌力量的积攒需要经历艰辛，需要忍受千锤百炼，只有在变化挫折中不断锤炼自己，才能真正成长为一个有力量的品牌。

12 为什么软文越来越流行？

软文 VS 硬广

把产品从你的心里挖掘出来

销售产品的过程就是企业与消费者“斗智斗勇”的过程。如何让产品更快被消费者接受，是每个企业都在绞尽脑汁思考的问题，于是广告应运而生。在产品进入市场前先投放一批广告，吸引消费者的注意力，为产品的销售预热，是很多企业的习惯做法。随着产品的更新换代，广告也在不断更新，新的广告内容和代言人、形式不断变幻，消费者的审美水平被培养得越来越高，内心却越来越淡漠，简单普通的广告形式已经难以吸引现在消费者的注意，于是越来越多的企业陷入了“白花钱”的困境，每年投在广告上的钱越来越多，效果却不太明显。那种单刀直入式地向你推销一个产品的方式被称为“硬广告”（以下简称“硬广”），即以一种强硬的姿态挤进消费者的视线，言简意赅地告诉消费者——“我们的产品是什么”“你们为什么要买我们的产品”。

硬广作为传统的广告宣传方式，具有传播速度快、影响范围广、大众认可度高的优点，通过反复播放达到被消费者熟知的效果。然而，硬广的劣势随着传播途径的广泛变得越来越明显，硬广的投入成本高，普通的中小型企业难以长期承担这样大的资金支出。此外，硬广的商业化形式过于浓重，容易适得其反，让消费者产生腻烦心理。最后一点，则是因为承载硬广的传统媒介，例如电视、报纸、杂志等传统媒体，渐渐不被消费者所接受和使用，因此，可以涉及的受众对象范围与以前相比大幅度下降。所以，越来越多的企业将注意力放到了与硬广相对的传播形式——软文。

软文，顾名思义就是“柔软的文字”，即通过触及人心的文字将产品推广出去。软文的重点在于“软”，当你看到了一篇短文，文字优美、内容动人，在你进行阅读的同时，产品就不声不响、春风化雨般地进入了你的心里。

“早知道后来才看清爱的深度，就应把握住彼此最好的年纪，面前的酒杯不必封存各自的心情。”

“你离开这座城市的前一天格外短暂，你离开这座城市的那一天格外漫长，原来时间这么懂人心。”

“说不出的事叫心事，留不住的人叫故事。”

……

这些听起来暖心而又现实的语句都来自白酒企业江小白的宣传软文。近些年来白酒行业普遍不景气，而江小白以异军突起之势，进入了消费者的视线。有人开玩笑说这是一家被卖酒耽误的软文公司，也许你没喝过江小白的酒，但你一定看过它的文案。

江小白之所以成功，最主要的就是因为它瓶身上风格独特的软文文字。它的内容大多是关于情感感悟，符合现代年轻人的感情诉求，能与其产生内心的共鸣。江小白主打的客户群体十分广泛，涵盖了整个80、90后的一批年轻男女，这些人是现在消费的主体，承受着来自生活、工作和情感等多方面的压力。江小白以“借酒消愁”的名义，为这些人找了一个喝酒的理由。简约的玻璃瓶，加上精美的包装，再配上打动人心的宣传语，在寂静疲惫的夜晚，江小白就成了年轻人孤独的救赎者。根据调查显示，江小白的女性消费者人数比其他同类型白酒的人数多出16%，而这其中的女性消费者有10%是被瓶身上的文案吸引，从而决定购买。可以说江小白将软文这一新型的营销模式运用得出神入化，即便消费者知道这仅仅是一瓶白酒，但也乐得掏钱。

江小白的成功之处就在于它明明卖的是白酒，却将白酒“隐藏”了。这就是软文的力量，恰到好处地刺痛消费者最柔软的神经，从而让他们在心灵慰藉中购买产品。软文的营销媒介是通过文字，这就决定了它比传统的硬广更具有真挚性。它用文字构建了一个情境，让消费者切身地进入这个情境中，感受产品所表达的价值观，当产品的价值观引起了消费者的共鸣，购买行为也就自然而然地完成了。

软文除了有“润物细无声”的优点外，还有很多其他是硬广所不具备的优点。

首先，就是成本低，性价比高。随着经济的快速发展，传统广告的价格也是水涨船高，与动辄几万十几万元的投入相比，价格亲民，受众面广的软文成了不二之选。

其次，软文有着多元的传播媒介，大到互联网、报纸、杂志，小到广告纸、名片、产品本身都可以用来承载软文的内容，这就最大限度保证了软文内容的时效性。此外与固定分布在电视、广告牌、杂志上的硬广相比，软文的可持续性更强。在现代社会，人们使用手机的时间是电视、电脑的3倍，是报纸杂志的6倍，长期使用报纸杂志和观看电视电脑的人数逐年下降，这就是为什么许多企业花了大价钱投放广告，却收效甚微的原因。

借助于传播媒介的多元，使得软文没有固定的写作格式和字数要求，类型多样，能满足更多消费者的需求。例如，我们同样宣传一款口红，那么针对不同的受众需求，就可以制定出不同类型的软文。

“是什么令她获得重生”，这是个悬念性的软文。标题设置一个悬念，让读者产生阅读的兴趣，从而主动去文中寻找答案。该类型的软文使用率较高，但也容易让消费者觉得是“标题党”而失去阅读的兴趣。因此，如何控制好制造悬念的度是成功的关键。

“一亿元买不走的秘密”，这是个故事性的软文，这类的软文全篇以一个完整的故事串联，将产品隐藏在故事之中，到最后点出产品达到宣传的效果。这类文章，其故事的讲述是关键，既不能喧宾夺主，削弱了产品的形象，也不能过于单调，让消费者失去阅读兴趣。因此，如何将故事和产品宣传完美结合，是该类型成功与否的关键。

除了以上常见的几种类型外，还有新闻性软文、评论性软文等，不同的产品所要面对的客户群体不同，其客户共性与情感需求也大不一样，抓住自己客户群体的“口味”，一道色香味俱全的软文“盛宴”就能烹制得更加完美。那么我们又要如何才能抓住顾客群体的“口味”，满足他们的需求呢？

首先，文章拥有“味美料足”的内容。“味美”是指文章语句流畅，富有感染性。但软文的写作实际上是为了介绍产品，因此，既不能写得像散文般只重情感没有实物，又不能像广告词一样过于通俗。“料足”则是软文内容必须能让读者相信并有所触动，在读者心里建立起“权威”的形象，它既可以是对一些事件人物的分析，也可以是一些实用的生活常识，甚至是一些事故危害的警示。有些软文一味追求标题的独特，吊足了读者的“胃口”，内容却跟不上标题，无法满足读者的求知欲。

其次，“操刀者”对外界熟练的掌控。作者需要敏锐捕捉市场需求的能力，从而写出符合市场和消费者需求的软文。拿着一件过去很久的事件翻来覆去地说，即便说得再好也是“炒冷饭”，除非角度极其新颖刁钻，否则难以引起消费者的兴趣。另外，在不同媒介上软文的语言风格和类型也要有所不同，如果你在严肃正式的新闻媒介上放了一篇全是网络用语的软文，只会引起读者的反感。

最后，适当的“餐前小点”让你事半功倍。普通人对于图片的感知力和记忆力要比文字快速和持久得多。现代人的阅读注意力不高，难以长时间看一个完整的长篇大论。因此在软文中配上一些图片，既能缓解阅读文字的无聊感，又能直观地展现产品的效果。

作为营销方式的一种，软文既避免了传统营销方式的生拉硬拽，又最大限度地吸引了消费者的注意力。在未来的不断发展中，软文一定会在营销中发挥更多的作用。

13 为什么“嫁个有钱人”不如自我增值?

生产力是经济发展的基础
泡沫经济总有倒塌的一天

“嫁个有钱人”还是“自己成为有钱人”，这在表面上看似乎只是两种价值观的碰撞。女性们在探讨这个问题时，多数也仅仅是从价值观的角度去判断这两种人生选择的差别。然而事实上，其背后隐藏着一个经济问题，那就是泡沫经济与实体经济的差别。

众所周知，实体经济是建立在实际生产力的基础之上的。在实体经济中，事物的价值是真实可见的，是由其背后的生产力决定的；而在泡沫经济中，事物的价值往往由于种种原因，被标榜到了一个虚高的位置上。一个生产力可能只有几百万元的工厂，却被赋予了几千万元的价值，起初该工厂可以通过贷款等方式维持自身的虚高价值，但随着时间的推移，一旦资金断链，就可能最终破产。

对于女性的自身选择也是如此。一个女性通过嫁个有钱人来满足自身的物质需求，其本身并未拥有能够与其消费观相匹配的生产力，她只是通过婚姻的契约关系来完成自身的消费行为。这就如同缺少足够生产力却虚高标榜了自身价值的各种工厂，在与银行保持良好关系时，尚可以维持表面的繁荣，然而一旦经济市场的环节上出现问题，泡沫就会破碎。

我曾经在女性客户中做过类似的问卷调查，其中的一个案例很具有典型性。圆圆和糖糖是大学同学，由于彼此在性格上很合得来，毕业之后依然保持着良好的关系。只是，尽管性格上合得来，价值观却存在着很大的差异。

关于婚姻，她们两个有个共识，那就是一定不能嫁给穷小子。虽然结论相同，但原因完全不同。对圆圆来说，之所以必须嫁给有钱人，是因为她想要优渥的物质生活。她并不认为有这种想法就是势利或者世俗，毕竟，贫贱夫妻百事哀，既然可以有更好的选择，自己为什么要应付最困难的模式呢？婚姻是女性的第二次投胎，第一次投胎时她还没有自己的思想，更无法选择，到了第二次投胎，她必然要给自己选择一个最优的方案。

至于糖糖，她也认为必须同有钱人结婚，原因是在她看来，一个自身很贫穷，却又急着结婚的男性，是不值得托付的。她可以和一个很有潜力的穷小子谈恋爱，但要结婚时，必然是对方事业有成，或者开始进入上升通道的那一天。有人说一个男人在贫穷的阶段，女朋友不肯嫁给他，那么当他富有的时候，他就未必看得上当初的那个女朋友了。糖糖并不认同这种说法，她看到的更多故事，是一个女人跟一个贫穷的男人结了婚，婚后男人飞黄腾达，却抛弃了糟糠之妻，找了更年轻漂亮的情人。不过糖糖也很清楚，婚姻最重要的是门当户对，一个有钱的男人如果肯娶一个女人，只有几个原因，要么她真的是万里挑一的真爱，要么就是这个女人年轻又漂亮，要么就是这个女人在各方面都不比这个男人差。所谓的不比这个男人差，未必是指跟这个男人同样有钱，但至少她与这个男人拥有同样的赚钱能力，或者能够创造出同样的甚至更高的价值。

在这两种不同价值观的支配下，圆圆与糖糖自然踏入了完全不同的人生轨迹。圆圆追求的是找一个有钱人提高自己后半生的生活质量，因此她将人生重点都放在装点自己的外表上；而糖糖则是努力提升自己，认为如果她想找到一个足够有钱的男朋友，那么自己首先就要成为能够与其匹配的人。

后来，圆圆找到了一个大她几十岁的房地产公司的小老板。结婚的那天，男方请来了不少业界成功人士，婚礼十分气派，因为男方想要让所有人都知道他娶到了一个年轻漂亮的老婆。而糖糖在升为公司经理后，与合作公司的高层坠入爱河，最后迈入婚姻殿堂。

婚后的几年里，圆圆过得并不好。最初老公贪图她的貌美，开开心心将她迎进门来，但她除了作为家中的花瓶几乎毫无用处。她不了解生意场，无法涉足老公的领域，她也没有多少知识储备，无法借着老公的人脉发展自己的事业，她只是每天将自己装扮得花枝招展，然后逛商场和四处旅游。

圆圆的老公毕竟是生意人，对花出去的每一分钱都有自己的算计。他开始计较圆圆只知道花钱却没有为家庭付出多少，开始不满圆圆在他不喜欢的领域花费太多金钱。于是，老公开始要求圆圆照顾家庭并提升自我，其家庭地位直线下降。

为了稳固自己的家庭，圆圆开始努力完成老公向她提出的要求。可不论她多努力，最后也只是变成了一个更加熟练的家庭主妇而已。她在经济上仍然是不自由的，每花一笔钱，她都要看老公的脸色。

而糖糖却选择了离婚，原因也很简单，两个人都在为事业奔忙，都没有心思照顾家庭，于是和平分手，不拖泥带水。

从结果看来，两个人的婚姻都算是以失败告终，只不过糖糖能够走出来寻求下一份幸福，并且她自身的生活质量丝毫没有受到影响，但圆圆既无法保证生活质量，也没有离开的勇气和能力。

幸福的婚姻当然到处都有，只是与圆圆与糖糖无关。但在人生上，圆圆是彻底的输家，糖糖从某种角度来讲却是赢家。因为糖糖的价值在于其自身，她所享受的生活来自她本身的能力，不受任何外界条件影响。圆圆则不同，她本身并没有多少价值，她要享受的生活只是通过依靠一个有钱的靠山，一旦靠山离开，她就一无所有了。依靠任何人都存在着种种变数。与其将自己的人生寄托在他人身上，倒不如从一开始，就将自己培养成一个足够有价值的人，那么不论遇到任何变数，都会岿然不动。

从圆圆和糖糖的事例中也可以看出，在实体与泡沫之间，实体永远是最稳妥的选择。当然，有很多人会选择从泡沫经济中捞上一笔，再通过这一笔积累来发展自身的事业，其中就有许多实体事业，但这并不能说明泡沫经济是正确的选择，只能说明泡沫是暂时的，最终还是要落实到实体上面。

对女性来说也是如此，也有一些聪明的女性，她们在嫁人时选择嫁给有钱人，当嫁给有钱人之后，再通过老公的资金与人脉来发展自己的事业。这种例子更说明了女性不论通过怎样的过程，最终的正确追求始终还是自我增值，也就是以泡沫作为途径和手段，实现向实体经济的过渡。

其实泡沫与实体的选择在许多问题上都有相应的体现，简单说，就是虚与实的差别。工作中，装样子给领导看的员工，和实打实作出工作成果的员工，虽然前者可能会获得暂时的褒奖，但后者锻炼了自身的实力。而那些会认真工作的人，不论跳槽到哪里，都会是一把好手，那些只懂得欺骗领导，工作能力低下的人，可选择的范围就小了很多。

如果你想要享受一种生活方式，那么就要具备能够享受这种生活方式的价值，这与是否嫁给有钱人无关，只与虚假还是真实有关。不论任何人，在追求享受之前，首先要做的都是自我增值，你能够创造怎样的价值，你才能去享受怎样的人生，否则当泡沫破碎，出现的后果可能是你完全无法承受的。

14　为什么商场里男装在低层，女装在高层？

不同的商品陈列技巧

不同的消费习惯

经常逛商场的朋友不难发现，商场里往往女装都在最好的楼层，而男装位置比较次要，还经常和箱包等一起陈列。这背后自然有其营销原理。就像超市货架的摆放，往往放在外层的是快到期的食品，放在里层的是新鲜的。放在好拿的高度的是价格贵的商品，价廉物美的商品往往在底部。药店也是一样，越是性价比低、价格虚高的药品，越会摆放在最显眼的位置。而那些真正有效还便宜的药，往往在柜台的最底层和最里面的位置。因此大家去购买的时候，不妨多弯腰，往往能找到最合适的产品。而商场是出于什么考虑来设计男女装的分布楼层的呢？

在女性的身份认同构建中，外表占的比重更大一些。而且，女性在服装上的开支比男性高两倍，这个事实也说明，女性在选择衣装时比男性更舍得花钱。因此，必须乘坐电梯才能抵达女装部，并不会打消女士们买衣服的念头。

反之，相对于女性，男性对于服装等商品购买欲本来就不太高，很多男生随便挑一件T恤、格子衬衫或是夹克、大衣就匆匆“逃离”商场，根本就不愿意多做逗留。哪怕是一点微不足道的障碍，也会让许多男士对男装部望而却步。因此，一定要将男装放在一眼就能看见、走几步就能到达的位置。把男装放在一楼还有一个好处，那就是不少丈夫都是妻子负责给买衣服的。路过男装部的女士，很可能顺便帮丈夫买双袜子或者几件衬衣。而男人却很少给妻子买衣服，所以，如果男女装的摆放位置反过来，商店显然不会得到什么理想的效果。

不只是服装，其实各类商家针对女性的商品陈列技巧是最多的。因为女性比较感性，表现在消费习惯上，就是更容易冲动购物，甚至盲目购物。所以很多商家都相信女性的钱是最好赚的。即使在大萧条时期，很多商品都滞销的情况下，女性的口红销量却还是呈上涨趋势，这在经济学上被称为“口红效应”，也称为“低价产品偏爱趋势”。

每当经济不景气时，口红的销量反而会直线上升。这是因为人们认为口红是一种比较廉价的“奢侈品”，在经济不景气的情况下，人们仍然会有强烈的消费欲望，但经济实力又不允许，所以会转而购买比较廉价的“奢侈品”。虽然这个经济学理论并不专门针对女性的消费观念，其实不仅仅是口红，2008 年的世界性经济金融危机，让人们看到了女性购买力的强大。美国媒体称，金融危机期间，除了口红以外，面膜的销量也开始上升，而做头发、做按摩等“放松消费”也很有人气，这与其他大宗商品和奢侈品的低迷销量呈现出鲜明的对比。全球几大化妆品巨头的销售额也证实了这一观点，欧莱雅公司 2008 年上半年销售额逆市增长 5.3%。“口红效应”开始显现。

除了经济学原理外，心理学家和人类学家也研究了女性为什么热爱购物这一行为，最后他们得出结论，是因为数百万年进化的人类心理的结果。在远古时期没有货币，没有商场，但是原始的以物易物是存在的，这可以说是如今消费形式的雏形。长久以来，人类最依赖的两种资源获取方式就是男性狩猎、女性采集。也就是说，男性通过打猎来维持家庭生计，相当于现在男性外出工作、挣钱养家，而女性通过采集补贴家用。女性更喜欢囤货，比如“双 11”，一般家庭的女主人都会购买几乎可以用到明年“双 11”的卫生纸、十几卷垃圾袋、几大箱洗衣液、洁厕剂、洗洁精、洗手液……面对大量商品，尤其在促销的刺激下，人们不仅会为当下的需求选购商品，也会为未来可能存在的需求进行储备，女性对这种囤货行为则更为偏爱。因为要保证家庭的日用品，而且要在尽可能优惠的条件下，以备家庭的不时之需。这一点也和远古时期很像，因为女性采集的食物往往是植物的块根等，相比于男性狩猎所得的肉类，显然更易于保存。当女性遇到少量的、具有高价值的植物食物时，为了避免果实被其他人或动物摘走，就会一次性摘取大量果实，储存起来慢慢食用。因而在女性的本能中，逐渐产生了囤积物品的适应器。

那么，又是为什么女人更容易被促销手段所影响呢？这还是因为男女取得食物的方式不同。男性狩猎时没有什么机会可以货比三家、再三斟酌，直接找到目标就下手了，讲究的是快准狠才会有饭吃。而女性采集果实、植物块根等食物则没有现实的紧迫性。可以精挑细选，因此女性会更专注促销商品，对比商品的性价比，甚至近段时间的价格波动。

为什么女人的消费考虑期更长？比如女性的购物车里总是长期放着各种各样的商品，并不会一次性全部购买看中的商品，而男性往往选中就下单了，并不会特意收藏某几个商品很久，立即清空购物车才是他们的最佳选择。这其实就是植物的生长周期带来的久远影响。植物的果实有漫长的生长周期，一般都要半年至一年。且生长过程中，植物是静止不动的。远古的女性有较长的时间去等待植物果实成熟，并在此过程中，通过其他人、动物的食用情况以及自己的经验，去判断果实是否可以食用。

另外，总有人觉得女性消费特别败家，让很多男人纳闷的问题就是：为什么女人有些东西只买却不用？大部分女性一时兴起买的东西往往不会用完。在我身边就有很多女性朋友，她们的香水、口红、水乳霜、精华露……很少有用完的，开封没多久就不怎么用了。或者有的压根就没开封，就这么买了供着，放在家里落灰，一直放到保质期过了都没有什么想要使用的欲望。大部分最后就是送人了或者干脆扔掉了。

小潘告诉我，曾经在小红书上“种草”了很多化妆品，在蘑菇街上囤了很多衣服，到最后买了全都没怎么用，成了鸡肋。包括各种会员、VIP，一冲动办了个年卡却并没有怎么消费。其实这也是受远古时期采集和狩猎这两种不同方式的影响。通常来说，狩猎带来的肉食具有更高的营养价值，这不仅涉及肉类食物能给人补充更多的热量，也关系到肉类食物可以食用的概率。采集则有所不同，自然界中的很多植物对人类来说并没有什么食用价值，甚至存在不少有毒的植物。即便是一些可以食用的植物，通常也只有其中的一部分能够食用。在这种情况下，面对可能具有食用价值但并不熟悉的植物，远古女性较为稳妥的选择就是将其通通先采集回来，至于后面会不会全部吃掉、丝毫不浪费，那就另当别论了。

这样的采集本能，导致了现今女性在购物时，对可能有一定价值的物品持有更高的包容度，而在购买之后，若是发现物品的价值比预估的低，也可以理直气壮地选择弃置不用。

所以，虽然有的人会把女性的一些消费行为称作是败家，但从本质上来说，这其实是受人类原始心理学的影响而产生的消费行为，这也正是女性在几百万年中对人类繁衍做出贡献的证据。现在很多男性一味指责女性败家，很多商家一味认为女性钱好赚，社会人士一味诟病女性在面对购物时的狂热、兴奋，但其实换一个角度看，这种行为正是女性进入“工作状态”后高专注度的表现。而大部分女性购买到的商品还是用于整个家庭的。因为在大部分家庭中，女性负担了家庭的采购职责。而作为经营者，想要获利，自然需要将眼光瞄准掌握财政大权、身兼采购重任的女性。

15 为什么保密和信息安全很重要?

知识是第一生产力

大数据时代的信息价值

中华人民共和国成立初期，处在一穷二白的局面，那个时候，举国上下，最大的任务就是提高生产力。但是，要提高生产力却并不容易，需要不断摸索，不断提高技术。所以，改革开放之后，我国开始派出人才，去学习西方的技术。

有着工业革命基础的西方国家在技术上领先了我国几十年，他们自然不会白白让自己的技术被我国学了去，要想学习他们的技术，必然需要付出一定的代价。这其中既包括金钱的付出，也包括合作协议的让步。

因此，我国的生产力就是在这样不断学习的过程中逐渐提高的。直到今天，中国仍然会继续派出人才，去西方学习各种先进技术，尽管西方会通过合作向我国传授一些技术，但在核心科技方面，他们仍然是保密的。

国与国之间如此，公司与公司、个人与个人也是如此。如果一个公司的生产力远远超过了其他公司，就说明该公司的核心技术是十分先进的，那么这份技术自然是不允许有任何泄露的，以此来维护其在经济竞争中的有利地位。

任何公司或个人，只要掌握了其他竞争者尚未掌握的东西，那么他们在竞争中就处于绝对的优势。对生产类的公司而言，最重要的当然是核心技术，而对服务类的公司而言，用户信息则是最重要的。由此可见，在经济市场上，要想成为赢家，自身的生产力固然重要，但信息保密也同样不容小看。

小刘曾就任于一家网络游戏公司，他负责的部分是程序。对于网络游戏而言，程序是支撑这些的基础，任何策划内容都要通过程序来实现。因此，负责程序的小刘总是能够最先知道游戏更新的内容。小刘并不是总程序师，他只是程序团队中的一员，所以每一次更新时，分配到他身上的压力并不算太大，他也就不会去考虑核心技术问题。对程序员来说，熬夜加班是常有的事，小刘经常直接把电脑从公司背回家去，在家加班工作，第二天再把电脑背回公司。

一次游戏更新期间，小刘跟朋友聊起了天，聊着聊着就说到了这次游戏的更新内容。这一次的更新是该游戏的一个重要的创新和转折，小刘并不知道其中的重要性，只是无意中提了几句，却不知对方留了心。本次更新预估是在一个月之后上线，然而，就在上线前的一周，另一款与该游戏竞争的同类型游戏率先进行了更新，内容竟然与小秦供职的游戏公司更新内容相差无几。

一时间，小刘所在的公司陷入了困局，倘若如约上线更新，则变成了对另一家游戏公司的效仿，在竞争上完全处于了下风；而若不更新，或者延迟更新，那么之前花费的功夫就都白费了。最后，公司还是如约放出了更新内容，结果与预期相比大打折扣。同时，公司也开始内部排查，想找到信息泄露的源头。自然查到了小刘。虽然没有直接证据表明信息泄露的罪魁祸首就是小刘，但那段聊天记录还是有泄露机密的嫌疑。于是，小刘被公司领导约谈，领导以泄露公司机密的理由开除了小刘。

可能有人认为一个公司如果想要盈利，本身的产品质量才是最重要的，毕竟在信息高度流通的当今时代，指望谁能守住自己的秘密并不现实，最后在市场上竞争的还是产品质量本身。这种说法虽然有一定的道理，但如果深入了解就会发现，即便是制作方法完全公开的产品，那些能够生产出优秀产品的厂家仍然有自己独到的方法，而那些独到的方法，才是该工厂最核心的竞争力。

因此，在经济市场上，保密和信息安全就是保证生存的重点。事实上，任何信息都是具备价值的。有些信息的价值是巨大的。比如前面所说的某些领域的核心技术，一些科研团队夜以继日地研究技术革新，为的就是能够在市场上占得先机，这种技术一旦被泄露，不仅会使自身丧失竞争力，更让自身为其付出的前期准备付之东流，这种打击有时是致命的。有些信息的价值是无价的，比如那些上升到国家生产力的知识储备。国家每年输送人才去各国学习，为的就是加强自身的知识储备。但对别国而言，某些信息一旦被他国知晓，自身也会失去筹码。所以一个国家为了提升自身的生产力，除了“走出去”之外，更重要的还是建立自身的科研团队，自主研究更先进的技术。

有些信息看起来不起眼，但其背后却蕴藏着巨大的价值，比如个人的信息。个人信息泄露几乎已经是这个时代不可避免的问题。很多人都有过信息被泄露的经历。比如，随便在网上搜索某件东西，很快自己就会通过各种渠道得到这件东西的广告。尽管如今人们已经对这种事情习以为常，但仔细想想就会发现这其实是十分可怕的。这意味着每个人的生活都是完全透明的，每一次购物喜好，每一次上网足迹，每一通电话内容，每一封邮件信息，都可能在不知不觉中被泄露了出去，并被融合进信息时代的大数据中。对某些人来说这并不可怕，但这为一些不法组织提供了乘虚而入的机会。一个人的信息或许并不那么重要，但成千上万的个人信息汇在一起，其价值就是不可估量的了。诈骗集团从某个人身上可能会毫无收获，但从一个群体的信息汇点上就可能收获颇丰。即便是一些合法的商家，当他们得到大量个人信息时，他们也会利用这些信息去推断消费者的喜好，进而推销产品。

由此可知，大到国家，小到个人，信息安全都尤为重要。在大数据时代的今天，互联网高度发达，信息流通也高度便捷，在这样的时代里，信息安全更成了重中之重。

信息安全和保密的关键在于技术和制度，有的公司为了确保信息安全，会与员工和各方合作者签订保密协议，一旦信息泄露，泄密者需支付巨额的赔偿金；国家为了保障信息安全，将保密条款写入法律条文里，泄露者将受到法律的制裁。然而，对个人来说，保证信息安全最重要的仍然是习惯的养成。

在前面讲到的小刘的事件中，小刘并没有直接泄密，公司也没有要求他赔偿损失，只是直接将其辞退，对小刘来说还不算付出了很大的代价。但是，他之前的行为表明了他在信息安全这方面缺乏意识，这对他今后的工作和个人生活都会带来影响。

对每个人来说，任何时候都要有保障信息安全的意识，否则一旦信息遭到泄露，即便是对个人而言，仍然有可能遇到严重的后果。

16 为什么知识越多，选择越困难？

为人着想 VS 为钱着想

客户需要的是判断题而不是选择题

美国作家威廉·福克纳在长篇小说《野棕榈》中曾说过这样一句话“Between grief and nothing I will take grief”，意思是：在痛苦和一无所有之中，我会选择痛苦。人们之所以会痛苦，不外乎“求之不得”和“得而复失”这两种情况，而“一无所有”则不同，因为那是从未企及过的存在。例如，我们会纠结那些“别人家的孩子”“别人家的公司”，却不会和富豪比财富，和知名企业家比成就，这是因为当我们根本就无法触及时，就不会产生痛苦，这就是为什么有的痛苦反倒让人沉醉，一无所有却让人沉沦，前者至少有过，后者只是不痛。

当我们把“痛苦”和“一无所有”放到日常生活中，会做出同样的选择吗？在西方的寓言世界里有一个关于驴的故事，故事说把一头驴放在两堆一模一样的干草中间，在周围围上一圈长木杆，防止它跑到圈外。一头驴，两堆草，十五天的时间，最后的结果却是驴活活饿死了。这头驴叫 Buridan’s Ass（布里丹之驴），而第一个提出这个故事的人是 14 世纪的哲学家布里丹，他认为自由的意志反而会导致“无法作为”，也就是当“不确定性”或者是“过量的选项”成为支配思维的前提条件时，那么就会导致人的决策能力的丧失。时至今日，这个理论经过不断地发展变化，有了一个新的名字——选择恐惧症。

如今，它成了一种社会的普遍病，似乎每个人或多或少都有选择恐惧症的症状。我们恐惧着生活中所有的选择，大到决定人生方向，小到菜式的选择，我们似乎总想着要做到最好，总觉得自己没选择的那个才最好，于是我们越来越害怕、越来越恐惧。

那我们又是否思考过，究竟为什么会恐惧选择？我们恐惧的又是什么呢？心理学家巴里·施瓦茨在《选择悖论》中提到过"效用最大化"原理，也就是说当我们在需要做出选择时，会期待选择那个对我们最有利的选项。理想状态下我们可以提前预知每个选项未来所指引的方向，然后我们才决定如何选择。但是实际上我们无法准确地估算出每个选项对我们的影响，也无法知道这些选择会给未来带来怎样的变化，在复杂而又劳累的生活中，我们难以接受因为自己一时的选择会给未来造成难以补救的结果，因此我们害怕做决定，以至于害怕出现选择，反而更希望有人能告诉我们应该要如何选择，这是一种缺乏独立意识的表现，也是想要逃避责任的一种方式。

每当我们做出选择时，支配其中的动力又是什么呢？是金钱、是别人的经验、还是随机选择？但其实人是很依赖固有习惯的生物，我们会随着自己已知的、惯常的内容做出判断，而这些很大程度上来源于我们的记忆，记忆中曾经出现过的才会成我们选择的首选目标，而我们的记忆又来源于长此以往积累的知识，也就是说当我们做出一个选择的时候，我们以为的随机选择，其实从本质上是受到了我们所拥有的知识的影响。各执一词是因为它们的固有的知识不同。大多数情况下我们更愿意相信自己所知道的而不是别人所传递的信息。当我们了解得越多，所需要思考的知识范畴就越广，而不同知识间有的相互印证，有的则相互矛盾。

越来越困难的选择，不仅让大多数的普通人觉得烦躁，更让许多商家感到十分头疼，消费者们的“善变”和“不变”，让他们痛苦不堪——究竟要不要给消费者提供更多的选择？好在对于这个问题，我们大多真正思考的不是“要不要去做”，而是“做多做少”的问题。因此，怎样把握好提供选择的度，是许多商人都在思考的问题。

事实上，当你为消费者提供更多选择的同时，你也在将自己产品的优缺点推到了消费者的面前。提供的类型越多，消费者可以从中获取信息的途径越多，矛与盾的例子就是这样。每件产品在诞生之后，都会因为各种因素产生一些不被消费者喜欢的情况。因此我们既要给消费者提供不同类型的选择，又要保证不同款式之间不会互相冲突。

以麦当劳为例，来到麦当劳的消费者，他们点餐的时间最长不会超过四分钟，这是因为他们除了有每季推出的新品外，固定的商品就那么几种，虽然样式不多，但每种都能满足不同需求的消费者。这类常年主打的产品既保证了麦当劳品牌的质量，又能带给麦当劳更为丰厚的利润。因此，多种选择不是意味你要把以前的东西推翻，而是用另一种选择尽可能地留住更多的群体。

多种选择看似是好的，但是在现代大数据时代的社会背景下，过多的选择反倒会让人打退堂鼓。大量信息的涌入，使得普通人难于完全接受，在每天不间断地接受新信息中，我们也在不断完善着自己的知识思维网，面对着一堆选项我们会不自主地进行判断，这是我们为了逃避风险不自觉的选择。我们只有保证好自己的产品能否经得住时间的检验，才有资格在此基础上谈到如何拓宽选项满足次生需求。

17　为什么商场的促销都放在年末？

营销 VS 促销

销来销去，削的是你的钱包

20世纪60年代的美国，诞生了一个沿用至今的营销理论——4P营销理论，即市场需求或多或少地在某种程度上受到所谓“营销变量”或“营销要素”的影响。而“现代营销学之父”菲利普·科特勒在他的《营销管理：分析、规划与控制》中将该理论进一步确认为产品（Product）、价格（Price）、渠道（Place）、宣传（Promotion）。诞生之初的Promotion，译为宣传，包含营销中的广告宣传、促销活动、媒体公关等一系列辅助品牌发行的行为。但时至今日，人们更多地将Promotion看成是促销，这是为了顺应顾客以及整体经济形势的需求。而这也可以看出，促销在营销中的重要性。

也许，并不是每一家公司都会投入大量的精力在广告宣传上，但是所有的公司都会开展一定的促销活动，这似乎成了营销的必备攻略。从古至今，促销手段似乎并没有什么太大的“进步”，不外乎就是搞搞特价、抽奖回扣、派发礼品等。但就是这么几种方式反复地使用，却依旧能让人们沉陷其中，无法自拔。

促销从时间上划分，大体为年中促销以及年末促销，其中以年末促销力度最大、覆盖面最广，被各路商家称为“生死之战”。

而顾客也早就习惯了商家年末的促销，都期望能在这个时候买些物美价廉的东西。为什么商场的促销大多都放在年末呢？这其中又有什么不为人知的秘密呢？

要解开这个谜题，我们要先来看年末促销是什么？

年末，本就是高消费时期，抛开各类实惠的促销活动来说，这个时期正常的人情往来和补充家用的概率比其他时期高得多。年关将至，置办年货也是大笔开销的原因之一。也正是如此，原本年末这个时间范围只是指阳历 12 月份，但随着个人收入水平的提高，以及各地节日文化的推动，现在大多数人则是习惯性地将 11 月份作为年末的开始，12 月份则是年末的高潮与结尾，第二年的 1 月份则是年末的“小尾巴”。年末，是人们总结一年得失的时刻，更是收获的季节。忙碌了一年的人们，总期待着在年末好好犒劳一下自己，补偿因为忙碌而忽略的家人朋友。据调查统计，有 75%的受访者表示会在年末购买礼物送给他人和自己。而在另一份调查中显示，年末送礼平均价格为 2049 元，而购买礼物的整个周期最长可达一个半月。

而商家也懂得顾客的心理，早早地为“年末大战”准备一切，既要有新意，又不能被同行业人超越，精明的商家会投其所好。从 11 月份起，商家们便打起了“感情牌”，从感恩节的亲情、友情、师生情到圣诞节的爱情，再到年末元旦的“激情”，这个时候就是抓住顾客冲动消费的最佳时机，商家们会挖空了心思寻找能让顾客花钱的由头。

于是到了年末，商家们就开始营造起“购物”的氛围。先是让顾客“感受”环境，最大限度地勾起顾客对于节日的情感共鸣。打出了环境氛围这第一张牌后，紧接着就是让顾客“体验”

节日。最简单的方式就是静景布置，另外一种方式就是娱乐活动，由商场的工作人员组织各种类型的活动，以礼品奖励的方式鼓励顾客参与，增加商场的人数。一系列的铺垫过后，也就迎来了最重要的一环，那就是各种促销的价格战。

促销，本质上就是抓住了人们贪图便宜和从众的心理，在短时间内最大限度地调动顾客的购买热情，甚至改变消费习惯。顾客需要优惠，店家需要人气，那么促销就成了两者间最完美的桥梁。

一场促销，它成功的关键是什么？这就要求我们搞清楚，我们究竟是为了什么促销。商家搞促销实际上是为了吸引人气，获得更高的利润。关注到这一点我们再来看进行促销的商品，家电家具等高费用大型消费品，促销方式大多是低频次大力度促销，这是因为，家电家具这类大型器具购买频率低，除非有购买需求，消费者一般不会留意这些产品的价格变动。消费者又苦于价格较高，因而相对低价的促销就会刺激消费者的购买欲望。这样一来偶然一次的促销反倒会提升交易效率，消费者也会产生自己“赚到了”的想法。而像一些日用品，则大多采用高频次低力度的方式，这类产品本身价格相对较为低廉，购买频率高，因此这些商品才是真正能锁定消费者的重点，消费者觉得该商场的日用品便宜，自然而然也会增加对商场的好感度和购买度，不自觉中带动起其他产品的销售量。因此，对于促销产品的选择，和对产品价格浮动变化的控制，是成功的重点。

促销重要的是让消费者参与其中。许多商家的促销没有达到理想的效果，很大原因就是商家自娱自乐。如何带动消费者一起参加促销，我们就要掌握营销方式了。

首先，就是错觉营销，也就是说，打价格战。每个人都期望能买到价廉而又物美的东西，在价格战中，商家在可浮动的价格范围内打了折扣，会放大和促进消费者的购买力。

其次，就是时间营销。这个可以分为两种情况：一是限时购买，“仅此一天、仅此一次”，这种宣传语非常具有鼓动性，颇有一种机不可失，失不再来的意味；二是阶梯状购买，例如，活动第一天商品按五折销售，第二天六折，第三天七折，第四天原价销售。这样给顾客造成一种心理和时间上的压迫感，减少买家的犹豫时间，促使他们冲动消费。

最后一个就是心理营销，以100元为例，那么价格就可以设置成99.9元或者是99.99元。这样一来，顾客就会产生一种用少量的钱，买到了超值的东西的错觉。因此，时间的特殊性加上促销活动的“鼓动”，年末就成了大多数人消费的高峰期，年末也就成了商家们的促销战场。

很多时候，你购买一个产品，不是你自己真的需要，而是你的情绪“需要”它。当一个人情绪波动大的时候，往往会更容易冲动消费，商家也就抓住了这一点来最大限度地刺激人们的情绪，触发购买行为的发生。这一系列的罪魁祸首其实就是——从众心理。大多数人都无法抵挡住它的“威力”。年末的促销对于消费者来说就是从众心理在作祟，别人买我也买，“集体从众”在商家促销活动的推动下被无限放大，刺激消费者的心理，将商场炒热，达到赢利的目的。当年末消费成为习惯的时期，消费者也就不再觉得“消费”是浪费了。

18　为什么星巴克不卖廉价矿泉水？

22 元一瓶的矿泉水

源自科学的交易成本测算

人们去星巴克都是为了买咖啡，几乎没有人去星巴克买矿泉水，因为没有人会为了买一瓶矿泉水去星巴克。但是实际上，星巴克也卖矿泉水，只不过它卖的并不是超市中的那种平价矿泉水，它卖的是标价 22 元的依云矿泉水。这也是星巴克卖的唯一一种矿泉水。那么，既然要卖矿泉水，为什么星巴克非要卖 22 元的依云矿泉水呢？答案很简单，因为从一开始，星巴克就没打算要卖矿泉水。

首先，星巴克摆出的依云矿泉水实际上根本卖不出去。依云水在市面上的价格其实并没有如星巴克标得那样高，这就像我们去饭店吃饭的时候，会发现饭店里的饮料价格也总是高于其在超市内的价格。可星巴克不同，在星巴克，买矿泉水并非刚需，在这种前提下，星巴克的依云水标价如此高就显得匪夷所思。事实上这个标价也的确鲜有人买账。即便有的顾客真的就挥金如土，愿意花 22 元去买一瓶依云矿泉水，当这些顾客看到价目表上不到 30 元的咖啡时，也会觉得，与其买一瓶水，还不如花差不多的价钱去买一杯咖啡。而这恰恰是星巴克摆出依云矿泉水的原因。

在经济学中有一个概念叫作锚点。锚点的作用是定位，价格的锚点则是定位市场商品的价格。比如我们在买东西的时候，总是会跟其他东西进行对比。我们买肉的时候，会去对比同样重量的鸡蛋价钱是多少，米的价钱是多少，只有相互之间都达到一个平衡的数值时，我们才愿意真的为之付钱。

我们会认为 100 元钱买一支钢笔太贵了，但同时，我们又会认为 3 万元钱一平方米的房子已经很便宜了，这就是锚点效应。我们认为 100 元钱的钢笔贵，是因为平价的钢笔通常只有二三十元，我们认为 3 万块钱一平方米的房子便宜，是因为一线城市的房价已经达到 10 万元一平方米。

在星巴克也是如此，当顾客看到售价 22 元的矿泉水时，对比之下，30 元的咖啡就变成了正常的价格。这就是星巴克决不卖 2 元钱的廉价矿泉水，只卖 22 元的依云矿泉水的真正原因。

当然，星巴克也可以选择完全不卖矿泉水，但是这样咖啡就成了独立的存在，当人们购买咖啡时，使用的锚点就可能是其他店里的咖啡，可是星巴克摆出了 22 元的依云矿泉水，人们的锚点立刻就变为该矿泉水，这样对星巴克咖啡的价格反而更容易接受。

其实，很多商家都会利用这种锚点效应来推销自身的商品。比如几乎每个品牌都会有高端产品和低端产品。人们时常说，那些高端的商品是为高端用户准备的，低端商品是为低端用户准备的，因此当看到商家摆出高端或者低端产品时，大多数人都只是瞄上一眼，然后去选择更适合自己的产品。

实际上，如果这些消费者仔细了解过商家的销售情况，就会发现其高端产品与低端产品的销售状况都不太好。而造成这种现象是因为高端用户通常也不会去购买那些所谓的高端产品，而那些很容易被评定为低端用户的人，也同样多数都不会去购买那些低端产品。

当然，也不乏那些十分热衷消费的人会去购买高端产品，但商家在推出这两类产品时，绝对不是为这些人考虑的，毕竟这些人始终是少数，并不是市场的主体。市场的主体，就是那些会购买中端产品的人。但是商家又必须推出一定数量的高端产品和低端产品，因为这些产品的作用不是为了卖出去，它们的作用只是衬托中端产品的物美价廉。

高端产品物美但价格太高，低端产品价廉但品质太差，只有中端产品，品质有保证，价格又能被大部分人所接受。这里的高端产品和低端产品，它们的存在就是为了作为价格锚点，让顾客可以通过这两个锚点，而更加青睐商家主推的产品。

这些商家的营销思路与星巴克其实是一致的。虽然具体操作不同，但都是用一种商品作为衬托，让人们去购买另一种商品。

在营销术中，也有一种基本的营销术，就是要让顾客去对比其他产品。因为顾客的购买习惯通常都是对比，既然如此，那么商家就采取主动，直接将各种产品推到顾客面前，让顾客去挑选。自然，这些产品必定是精心选择过的，所有被推出的产品，目标都是衬托其中的某一款产品。

这种营销术不可谓不高明，而作为消费者的一方，即便已经了解到了商家的手段，仍然无法抗拒被这种营销术左右，毕竟人们在购物时是需要对比的，即便清楚地知道是商家在刻意让顾客去对比，顾客也仍然愿意接受商家的做法，甚至会感谢商家直接让顾客了解到了不同产品所在的价格区间。

不过，锚点效应存在一个问题：如果商家想要抬高某个商品的价格，也可以利用这种方式。比如，当商家想要提高A产品的价格时，只需要推出一个价格更高的B产品，让人们觉得虽然A产品的价格被提高了，但买A产品还是更划算一些，消费者就这样不知不觉中落入了陷阱。

如果稍加观察和研究，就会发现，在经济行为中，任何一个效应都是可以被利用的。只要是能够获得利益，商家愿意做任何尝试，而只要利益足够，他们可以去打破一切规则，来实现自己的野心。所以，当有利可图的时候，商家就会利用消费者的各种心理效应来为自己谋取利益。

于是锚点效应也好，前景理论也好，都可以成为商家用来获取利益的途径。消费者并没有商家那种对利益的渴望，自然也很难意识到商家为了让自己在他们的商品上可以多停留一眼，所花费的心思。

不过有些经济学家指出，星巴克也好，其他商家们也好，他们有些营销行为看似会为顾客提供更多的选择权，其实完全是多此一举。比如，星巴克即便不摆出依云矿泉水，人们仍然还是愿意进去买咖啡，因为，在消费者走进星巴克大门的那一刻就代表他们已经接受了这个价格。

19 为什么贫穷会限制我们的想象力？

思维 VS 行动

格局影响大局决定结局

Nicholas 毕业于斯坦福大学商学院，他的父亲是国内一家上市公司的执行董事，当周围同龄人还挣扎于生活压力大、工作难找的时候，Nicholas 早已经按照他父亲的规划一步一步地走上了“企业家”的道路。Nicholas 的经历让人无限感慨——原来投胎真的是“一门学问”。余华在《十个词汇里的中国》中谈到“差距”一词时感慨道：贫富差距拉开的不只是生活水平，还有梦想的距离。这也就是我们常常用来自嘲的一句话：“贫穷限制了我的想象力”。

BBC 在一档纪录片《亿万富翁们的饕餮盛宴》中就为我们展现了穷人和富人的差距，千元“富翁”在超市购买做饭食物，百万富翁通过米其林指南选择餐厅，亿万富翁则通过奢侈食品供应商将食材直接送到自己面前，每个人对价格的接受能力不同，对于产品的阶级定位也随之不同。

不同的生存环境、教育等级、思维方式导致我们面临着不同的现实。有些人看到的是一座山，有些人看到的是整个天空。穷人之所以想要有钱，不过是为了能改善现在贫穷的处境，而富人之所以想要有钱，是为了能实现更大的目标，为后面的发展积蓄资本。

与其说是贫穷限制了我们的想象力，倒不如说是贫穷导致了我们狭窄的格局，是格局限制了我们的想象力。我们所思考的一切取决于我们曾接受的一切，这就是为什么当苹果砸到了牛顿的头上，他思考的是“万有引力”。贫穷只是导致现状的众多原因之一，贫穷和格局互为影响，贫穷导致了格局的狭窄，狭窄的格局又反过来导致了继续贫穷。

现实的贫穷不是靠一时的冲动就能改变的，它是客观和主观相作用的结果，没有无缘无故的富有，更没有无来由的贫穷。它的形成可能来源于过往的祖辈，也可能是自身的不作为。当一个人不富有的时候，他思考的只有衣食住行、柴米油盐。正因为手中的资金不多，所以导致了他们每花出一笔钱，都会精打细算，瞻前顾后。由于现实的残酷，以至于这些人没有精力去考虑哪怕稍微长远一点儿的未来，更别说想象力了。

当然这并不等于贫穷是“不治之症”，富人在成为富人前，他也曾经是穷人。那么他逆袭成功的关键所在就是格局。贫穷只能限制你一时，但格局却决定你的一生。每个人在做一件事前，内心中都会有一个“结果导向”，意思就是当这件事完成后，你想要的结果是什么，这个结果不一定是具体实际的，它也可以是一个模糊的范围。这个结果的导向无论是具体还是模糊，他都能显示一个人内心的格局。举个老生常谈的例子，三个工人在工地砌墙，当有人问他们在干什么，第一个工人说：“砌墙啊”；第二个工人说：“我在盖一栋高楼”；第三个工人说：“我在建一座新的城市”。于是 15 年后，第一个工人仍在砌墙，第二个工人成了一个大企业的工程师，而第三个工人成了前两个人的老板。这就是格局的不同，成功的人他们想要的结果是可以把别人的结果都包括其中，格局大小的不同也就最终决定了每个人思想的不同，也就产生了最后结果的差异。

当你面临求职问题时，忽然有一家主打共享经济和无人驾驶诸如此类的高科技企业向你抛来橄榄枝。它是硅谷巨头，市估值500亿美元，且这个金额还在不断上涨。员工每天有免费餐饮和小吃、无限制的带薪休假、健身房会员资格以及优步和UberEats服务的折扣。这样的一家公司想要招你入职，你的想法是什么？

说到这里，有所了解的人应该已经猜到了这家公司就是——Uber，全球第一家成功的出行服务提供商，也是曾经最受市场和投资人瞩目的企业。为什么说是“曾经”呢？在Uber势如破竹地占据市场扩大势力的同时，其内部的腐烂也在一点点扩大。与同在硅谷的其他企业相比，Uber员工的平均工作年限仅1.8年，而其他企业平均工作年限为3年。坐拥那么多的高科技人才，为什么Uber一个员工都留不住呢？

一个辞任的Uber女员工公开指控，Uber内部存在严重的性别歧视，自己在工作中经常受到上级的性骚扰。同时，公司的狼性文化，也让所有员工苦不堪言，为达到目的，员工们“不择手段、钩心斗角”，甚至Uber高管还采取追踪系统，跟踪使用Uber的乘客的出行情况。Uber前总裁杰夫·琼斯在入职不满一年后决定离职，并说道：“我在Uber所目睹和体验的一切，都有悖我职业生涯中孜孜以求的信念和领导方式。我再也不能继续在这家公司任总裁了。”一系列的问题让Uber陷入艰难的境地，也把Uber创始人特拉维斯·卡拉尼克开除出局。

特拉维斯·卡拉尼克被外界冠上了许多标签，例如好战天才、激进少年、史上最倒霉的成功创业者……作为Uber的创始人，最后却被 Uber 抛弃，这其中最大的原因就是他的格局不够，作为一个勇猛的将军，他开辟了一座新的城池，但他没有适时地转变身份成为一个真正的君主。

卡拉尼克“狼性”的处事风格是广为人知的，这是他在创业路上前进的动力，但也正是这份“狼性”将他狠狠地摔在了地上。在创业之初，狼性的做事风格使得 Uber 在产业的扩张中无往不利。但当企业已经成型后，卡拉尼克依旧保持企业的狼性风格，甚至将其大肆用在员工身上。归根结底，卡拉尼克是把自己以及自己的企业当作是一支“敢死队”，不顾损失一味地追求扩张和利益。当 Uber 需要慢下来寻求一个稳定长远的发展时，卡拉尼克却还只是闷头向前冲，丝毫不顾企业的发展步伐。这也就是为什么他明明知道 Uber 内部出现了各种问题，却坐视不理，只一味追求利益的原因所在。

马云曾在接受采访时表示：自己不爱钱，从来没有工资。众多网友认为他这是赤裸裸的炫富，但是以马云现在的实力和地位能说出这样的话是很正常的。因为他没必要去关注钱本身。阿里巴巴在发展中也同样有过大肆扩张的时期，以至于阿里巴巴在当年整体资金不足 1000 万美元时，不得不依靠大量裁员来维持企业的运营。马云和阿里巴巴的魄力显而易见，但不是每家企业都能像阿里巴巴一样这般幸运。作为一个企业的掌舵人，如果格局方向不到位，只会带领整个企业走向难以挽回的深渊。

因此，在现实和理想有着巨大差距的今天，我们要做的不是抱着手机哀叹自己的贫穷，酸讽别人的富有，而是努力成长，成为一个足以和成功相匹配的人。

摒弃只为当下忙碌的生活态度，是改变自己的关键。总有人说自己也想像那些成功人士一样破釜沉舟成就一番事业，但是却迟迟没有实现，最大的原因就是自己胆小，害怕失败，总希望自己能用最少的付出获得最多的回报。大部分人还是忙于自己眼前的事，却不曾想现在结下的“果”都是过去种下的“因”，多思考一下也许结局就会不同。

贫穷也许是天生的，格局却不是。调整好自己的心态，努力学习知识技能就能给自己塑造一个更大的格局。贫穷不可怕，可怕的是没有一颗上进的心，贫穷究竟是你未来的障碍还是你成功的助推器，这取决于现在的决定和向往野蛮成长的心。限制着我们的，不是金钱上的贫穷而是精神上的贫穷，我们与其盼着脱贫致富，倒不如想想如何让自己的格局更为“富有”。

20 为什么“短缺和紧俏”可以提升商品价值?

价格曲线体现的市场平衡

市场规律决定了商品的价格

我们都知道“物以稀为贵”，这似乎已经是一个约定俗成的道理，但是大部分人都没有仔细去思考过，为什么会物以稀为贵，以及是不是真的所有的物都会以稀为贵。事实上，物以稀为贵也是具有局限性的，一种物品究竟是贵还是便宜，首先并不取决于它的数量，而是取决于它的实用性。

所以我们说，决定一个物品价格高低的，根本原因不在于其是否稀少。当然，数量多少也是引起其价格波动的因素之一，因为价格曲线的其中一条就是因数量而发生的变化。

那么回到标题，短缺和紧俏，为什么能够提高商品的价值?答案是并没有。短缺和紧俏并不会提高商品本身的价值，但是它们会提高商品的价格。价值与价格的概念是不同的，价值是商品本身的属性，而价格则是市场赋予商品的东西。

一个本身价值不高的东西，也能被市场赋予很高的价格。这时候，决定价格的已经不是价值，而是市场规律了。市场规律囊括了许多方面，而商品本身的价值往往是其中并不那么关键的一环。

我身边有不少朋友很喜欢喝某一种品牌的啤酒，这种啤酒与市面上的大多数商品都不同，它有一种很特别的清香，据说该啤酒在制造过程中加入了某种野果，才使得它的味道如此独特。在我们家乡的饭店里，这种啤酒已经成为一种必备品。一直以来，这座城市的人们与这款啤酒就这样维持着一份颇为温馨而又平衡的关系。

曾经也有人问该啤酒的厂家，既然在本市这样走俏，为什么不去做做外市的生意，说不定能从此把品牌打出去，然而该厂家告诉对方，这种啤酒的原料实在是很稀少，其中加入的那种水果基本上出了本市就很难在其他地方找到。因为这种野果出自这里的山上，虽然也有很多人尝试人工种植，但种出来的味道与山上所长出来的味道相差甚远。由此得知，之所以这种野果会具备那种独特的味道，跟山上的土壤环境有着很大的关系。

野果的数量有限，那么能够制造出的啤酒自然也会有限，它只能用来供应本市的市民享用，想要扩大生产的可能性就很低。但这一切都悄然发生着变化。

由于城市要发展，很多开发商将目光瞄到了城市附近的山上，一些房产开发商打算在那边进行开发。就这样，山坡被开发了出来，原本山上的果树也都被砍掉了。

果树被砍掉，啤酒厂用来制作啤酒的野果便大幅度减少，于是啤酒厂的产量也开始大幅度降低。一些经销商为了能够保持货源不断，便开始向酒厂提出，只要保证货源可以抬高购买价格的条件，酒厂自然不会拒绝，于是便跟一部分经销商达成了协议，决定抬高价格。在酒厂抬高价格的过程中，一些小型饭店和超市感到自己以这种高价购买只会赔钱，便放弃了该啤酒，于是能够买到这种啤酒的经销商便都是一些大型超市和大型饭店了。这些超市和饭店买来抬高价格的啤酒后，在店里也同样抬高了啤酒的售卖价格，就这样，尽管该啤酒因野果的变少而产量降低，但由于抬高了价格，在市场上又形成了新的平衡。

这就是价格曲线在市场平衡中的体现。市场上的任何一种商品都是如此。如果商品的数量不变，而需求增大，那么就会出现供不应求的情况，这种时候，为了能够买到该产品，一部分买家就会希望商家抬高价格，而商家感到该产品的价格还有上涨空间，在利益的驱使下就会一点点涨价，当价格涨到一定程度时，就会使得一部分消费者放弃购买，一直到商家发现继续涨价只会让更多的人放弃购买该产品时才会停止涨价，或者让价格稍有回落。

如果需求不变，但商品的数量减少，也是如此。商品数量少于市场需求，仍然供不应求，这时候商家同样会嗅到产品价格的上涨空间，则会如上面一样，形成新的市场平衡。

而如果商品的数量不变，但需求减少，商家就会发现有许多产品都卖不出去，这时候商家就会选择降低价格，让更多原本对该产品并没有购买欲望的人因降低的价格而产生购买欲望。

总而言之，一种商品的价格，与顾客们购买它的欲望是形成反比的。而影响顾客购买欲望的原因有很多，其中比较重要的一条就是物品的性价比。这里所说的购买欲望，并不是指具体某个人的购买欲望，而是指整个经济市场中的购买欲望的总和。一个商品的价格越高，其在市场上引发的购买欲望固然就会越低，反之如果一个商品的价格越低，就会在市场上引起更多的购买欲望。

那么，当一个商品从正常形态，走向紧俏和短缺，那么该商品的供货量就会低于市场上对它的购买欲望，对商家来说，就说明该商品具有抬高价格的空间。在商家抬高价格的同时，市场上对该商品的总体的购买欲望自然会降低，当购买欲望降低到与商家提供的商品数量一致时，价格便会停止上涨。

当然，也有一些商家故意减少供货量，用来抬高该商品的价格。实际上，降低供货量来抬高价格，对商家而言，获得的实惠未必多于保持原价但是交易数目更多的情况，但是商家并非只是着眼于眼前的利益，商家的考量是先抬高价格，在消费者习惯这个高价之后，再逐步增加供货量。

尽管在经济学原理模型中，一切都是按照市场规律来，但是在具体操作中，有很多东西却都是可控的。

只要操作得当，民众的购买欲望完全是可以被改变的。在价格曲线中，民众的购买欲望取决于性价比本身，但是如果商家采取各种舆论洗脑的方式，最后可能民众对物品的性价比判断都会失误。那时候，物品的价格即便有可能超出其实际价值，也仍然不会受到消费者们的丢弃。

所以，有时候我们看到某个商品变得短缺和紧俏，其实那未必是由市场规律决定的，而更有可能是商家出于某种目的的操作。

如前面所说，商品变得短缺，商家会因此看到利益空间，从而抬高价格，进而淘汰掉一部分人的购买欲望，让市场达到平衡。但现实中，许多时候顺序并非如此，有时候，最先开始的是商家想要抬高价格，接着做出商品短缺的假象，于是抬高价格，这时原本会购买该商品的人们由于知道该商品变得短缺，从而接受了价格上涨这一事实。

如果商家又在这个过程中通过舆论的传播表达该产品的短缺程度，很多人甚至会忽略掉价格上涨这个事实，出于抢货的心态去哄抢这个产品。

这就是为什么经济学一定要与心理学相结合的原因。因为经济模型是死的，而人是活的，人有自身的喜好，自身的考量，并不会如机械一般，完全遵从经济模型的设计。

不过，经济模型在大方向上仍然是准确的，一些真正短缺的商品仍然会按照市场规律的调节而自动上涨价格，一些有经验的商家在遇到商品减少的状况时，从一开始就能准确预测出该商品的价格上涨空间有多大，因此甚至不需要市场的调节，商家自身也能迅速让市场需求重新达到平衡。

21 为什么鸡蛋不能放在同一个篮子里？

一个篮子 vs 很多篮子？

结实的篮子最重要

当你向别人寻求投资建议时，有经验的人首先会建议你“不要把鸡蛋放在同一个篮子里”。最科学的理财方式，莫过于普尔公司推出的10%、20%、30%、40%家庭资产配置方式（10%日常开支；20%保险保障；30%投资理财；40%养老教育）。

担心篮子打碎全盘皆输的前提，便是该篮子是有可能被打翻的。在经济问题上，可以说，任何一个篮子都有被打翻的可能。股票自然不必说，股市风云瞬息万变，前一天的百万富翁，第二天就有可能倾家荡产。基金固然较为稳定，但谁也不知道当经济市场动荡时会发生什么。如此看来似乎将钱全部存入银行最为稳妥，但是谁又知道银行会不会倒闭呢？

可以说，涉及金钱的问题，几乎没有万无一失这种说法。那么在进行金钱管理时，就一定要有“狡兔三窟”的觉悟。不但不要将所有鸡蛋放在同一个篮子里，还要将鸡蛋放在很多个不容易被打翻的篮子里。只有这样谨慎理财，才不至于遭受一次损失就倾家荡产。耶鲁大学的捐赠基金几乎常年保持10%以上的收益率，其中2014年收益率更是高达20%，之所以能做到这一点，就与其配置方式有关。耶鲁大学的捐赠基金将资产配置分为七大类，其中包括了绝对收益类资产、国内股票、固定收益类资产、国外股票、杠杆并购、自然资源、不动产以及风险投资。这样即便其中一个或几个篮子存在问题，出现资金短缺或者项目受阻的情况，其他几项也能够填补它们产生的空缺。这就是最聪明的投资方式。

资产配置的最大作用在于，当市场出现波动时，可以让你少亏一点钱，甚至还有可能迅速回本。当然，想达到这一目的，需要避开一种情况，那就是虽然将资本都投进了不同的篮子内，但其实这几个篮子只是同一个篮子的分身，一个打翻，其他也会同时跟着打翻。比如，看上去股票基金和债券基金是不同类型的投资产品，但是实质上两者并没有本质不同。再比如你同时购买了券商、银行、专业的基金销售机构，看起来是在分散投资，实际上仍然是在进行同一种投资。如果真的要降低风险，你可以一部分买基金，另外一部分投资不动产，剩下的投资创业项目等。这样才算是投资在了不同的篮子里。

除了篮子以外，还要注意的是，投资者手里必须有足够多的鸡蛋。如果你只有一个鸡蛋，还要打碎了硬放在几个不同的篮子里就会毫无意义，不如就放在一个篮子里，等鸡蛋孵出小鸡，然后再下更多的蛋。如果你是一个资金有限、手头较紧的人，一段时期内就只有一个鸡蛋，根本无法放在不同的篮子里，那么选择增值可期的投资目标比盲目的分散投资更为靠谱。

此外，“鸡蛋不要放在一个篮子里”，其实还有下半句，那就是：“但是也不要放在太多的篮子里”。因为鸡蛋不放在同一个篮子里虽然实现了风险对冲，可以有效降低风险，但是也降低了预期收益，所以很多的投资者为了获取更高的收益而心甘情愿集中配置资产承受较高的风险。

通过以下几种方式，可以让投资相对集中，但又不会过于承受风险。

第一种是选择相对集中的投资方式，根据自己的资金情况选择三到五种投资方式。这样一来，不仅能降低投资组合的管理难度，还能将更多的精力集中于那几种投资方式，再进行长期投资，更能获得较高的收益。

第二种是高收益的投资不宜过多。因为高收益相对应的一定是高风险，如果你选择的都是高收益产品，那么风险会成倍增加。因此在这三到五种投资方式中，要均衡分布高收益和中低风险产品，做好组合配制，才能有效地分散风险。

第三种是要量力而行，适可而止。千万不要有侥幸心理和赌徒心理，也不要妄想完全依靠投资来发家致富。任何事都是过犹不及的，投资也是如此。投资者在选择每一种投资方式时，应该先对自己的风险承受能力有所了解，并尽量在自己熟悉的领域内选择投资方式。无论是分散投资还是集中投资，都应该因地制宜，量力而行。

有一些投资者就很喜欢集中投资的方式，他们在构造投资组合的时候，会遵循高专注度的原则，只在少数几只股票上进行投资，而不是建立广泛分散的投资组合。

这其实就是深度与广度的区别。深入将几个投资项目摸透，这样在投资的过程中做到知己知彼，最后反而胜算会比较高。不过，这样面临的风险，那就是一旦失败，就有可能满盘皆输。

是孤注一掷，还是狡兔三窟，这只是不同的选择。聪明的人当然会狡兔三窟，因为这样赢的概率比较高；不过，孤注一掷的人，却也有一种与天公搏斗的壮烈。

面对理想、情感和人生选择时，有些人会更倾向于那些孤注一掷的人，对于那些左右逢源的人，多数人都是颇为鄙夷的。一个人要保持自身的纯粹，应当在一个方向上坚持到底，而不应该如墙头草般，左摇右晃。但是，经济与人生终归不同，一些在人生方向上我们无法苟同的东西，在经济上，却应该去遵从。几乎谁都不喜欢利益至上的人，但在经济学的世界里，却永远都是利益至上。

当然，并不是说在经济行为中就要摆脱一切原本的人性与道德约束，只是说，在面对经济时，我们需要考虑的只是金钱与金钱的关系。一个人完全可以同时追求道德上的高尚与经济学上的智慧。

因此，在选择孤注一掷还是狡兔三窟的问题上，从经济学的角度上提出的建议，仍然是应当圆滑处之。那就是在同时选择几个篮子的前提下，挑选出足够结实的篮子，并且能够不断深入和加强每一个篮子的稳固性。

总结来说，用集中投资的方式去进行分散投资，这才是最稳妥的投资方式。

22 为什么有钱人会越来越有钱?

穷不扎根 VS 富不传代

富人的乐园你永远想象不到

如果要问从古至今所有的纪录片中哪一部最令人恐惧，我会毫不犹豫的选择英国纪录片《Seven Up》（《人生七年》）。这是英国导演迈克尔·艾普特在 1964 年拍摄的一部人物传记类纪录片，它可以算得上是 20 世纪以来最伟大的纪录片之一。影片本身并不恐怖，导演从 1965 年开始选取了 14 个来自英国各地各阶层的孩子，并对其进行跟踪拍摄，本片综合了这 14 个孩子每七年的采访精华，从 7 岁开始，一直到 56 岁。

一个跨度长达近半个世纪的纪录片，越过了沧海桑田，尝尽了人生百态，其中所包含的无力感令人不寒而栗。导演在拍摄的最初便做出了一个预判，那就是“每个孩子的阶层将决定他们的未来”，也正是因为要印证这个想法是否正确，他才产生了拍这个纪录片的念头。而纪录片的结尾也毫无悬念地证实了导演最初的推测——优秀的孩子，长大后成为优秀的大人；富有的孩子，长大后依旧富有；而穷人的孩子，长大后依然贫穷。这样残酷的结尾，始终让人有种溺水的恐惧感，但这是我们无法逃避的现实，优良的社会资源在很早之前便已经按照相应的需求被瓜分完毕，从先祖到后人，圈子永远那么大，富有的永远都是那些人，而那是大部分普通人难以触及的存在。

愤怒吗？难过吗？觉得社会不公平吗？觉得奋斗也毫无用处吗？那我再告诉你一个黑暗的现实，根据瑞信研究院《全球财富报告》，2010 年瑞信发布的第一份财富报告显示全球 10% 的人口数，掌握了全球 89.2% 的财富，其中财富总值最高的约为 69.2 万亿美元，而在之后的时间里，财富总值数翻了两倍，而人口数却只上涨到 12%。在全球经济快速发展的同时，表面上富人越来越多，但实际上真正达到富有阶层的人却少之又少。坚不可摧的财富壁垒，使富人与大多数的普通人泾渭分明。

造成这样结果的原因难道真的是子承父业，财富被他们所垄断？

下面我再说一个朋友 Andrew 的故事吧，我和他从幼儿园到初中都是同班同学，到了高中他便被父母送去国外读书，一年才回国一次。他在国外期间，因为时差的问题，我们也仅是断断续续有着联系，但我一直在关注他的动态。Andrew 的父亲最初是榨油厂的工人，后来辞职跟着朋友搞房地产，现在已经是本地有名的地产大佬，而 Andrew 是他的大儿子，Andrew 下面还有一对龙凤胎。在大多数人眼中富二代就是纨绔子弟的代名词，而 Andrew 却不一样，他绝对是大人们口中“别人家的小孩”，不仅学习成绩好，而且性格开朗，还精通各类才艺，在各种类型的比赛中经常得第一，就连学校运动会的第一名也常常是他。

当然，为了能有这样好的成绩，他的付出也是别人不曾想过的。在我们还是个被父母到处追着喂饭的小孩的时候，他已经在父母的教导下斯斯文文地坐在餐桌旁，一边听着英文故事一边用餐。从小学起，每天放学后，他要自己坐半个小时的公交车到培训班，进行益智开发和英语口语训练。周末的时间则更是被严格规定，早上六点起床，围着家附近的河道跑一个来回之后再吃早餐。接着则是雷打不动的练琴时间，直到后来 Andrew 又喜欢上了萨克斯，但那时他的钢琴早已经过了八级。午睡后，Andrew 有时会看看书，有时则会陪同他的父亲去公司，父亲开会的时候他就坐在一边旁听，而公司里的员工也都习惯了自家老板的“小尾巴”。晚上的 Andrew 有两个小时的“自由活动”时间，他有时会来我家坐坐，有时则会去打篮球。

我第一次知道他每天的“日程表”，是在认识他的一个月以后，那时的我十分不理解为什么 Andrew 的家人要为他安排得这么紧凑，甚至找不到一点作为孩童该有的时间。Andrew 却不这么觉得，他告诉我“这是应该的，因为我妈妈告诉我这是我必须做到的，而且我一点也不觉得累，我周围的朋友都是这样。”大部分普通人可能觉得不可思议，那么下面我就带大家继续了解 Andrew 的世界。

我也是听他断断续续地说，才大概拼出了 Andrew 父亲的过去。他之前在榨油厂极受领导喜爱，当时厂里空出了一个科长的位置，当别人为了这个位置争得头破血流的时候，他毅然决然放弃了原本早已意属于他的科长一职，和朋友做起了房地产。那个时候，没有人看好他的做法，Andrew 的母亲因为他的决定气得带着 Andrew 回了娘家，而 Andrew 的父亲则坚定地说：“我也能在厂里一直干，但那样我儿子以后也就是个厂里的工人，做得再好也就是个厂里的好工人，我不能让我儿子走我同样的路。”于是，Andrew 的父亲背井离乡去了北京，独自一人打拼了整整五年，才在北京站稳脚跟，里面的艰辛可想而知，而当他终于在房地产行业占据了一席之地后，他又开始了新的思考。他发现房地产这种行业水分太大，不过是表面看着风光，不能只靠它过活。于是，他花了一年时间在全国各地做市场调研找项目，之后，他通过国外朋友的帮助，谈妥了一家国外的装潢公司的区域代理，专门负责高档小区和别墅区的精装修。他说："这种提高生活品质的产业是永远不会衰退的，中产阶级在不断壮大，他们对生活品质的追求很高，那种常见的装修风格早就满足不了他们的需求，那种有实用价值又看起来很高档的装修才是出路，这种项目做好了未来一片光明。"

听着这些故事，我不禁想，如果老天突然给一个普通人这个机会，将 Andrew 一家现在的一切给这个普通人，他能做到如此吗？很明显，答案是否定的，Andrew 一家现在的一切是他们应得的，那是他们多年努力积累而来的。

以 Andrew 父亲为代表的有钱人，他们处在了一个难得的时代，有着难得的时机并紧紧抓住了它，他们也许没有什么太高的学问，但多年的打拼经验让他们有着别人没有的"兽性"，遇到机遇紧抓不放，面对危险毫不慌乱，也许他们不知道自己这么做的理由是什么，但直觉告诉他们应该如何去做。

不可否认的是，阶级壁垒的存在导致了人与人之间眼界和经历的不同，从而导致了人们思想上的差异。富人之所以会更富，不是简单的因为他们垄断了资本，而是他们懂得如何利用自己手中的筹码，增加财富。

从 Andrew 父子的经历我们可以清晰地看到，除了与生俱来的难得优势，他们自己的行为和思维方式才是决定事情发展轨迹的关键。不得不承认，许多人的心理潜藏着"小市民"的狭隘思想，喜欢争风吃醋，趋利避害。而富人们的心思却相反，他们不怕有人比他们厉害，他们相信没有永远的敌人只有永远的利益，而利益才是他们追求的前提。当他们想要完成一件事的时候，从不思考自己要不要做，做了自己吃不吃亏，他们想的是自己应不应该做，他们总能在一堆事情中，找到自己应该做的事情，从而使自己实现最高的价值。另外，我们做事前总在纠结自己能不能做到，如果失败了又该怎么办。富人却敢于直面失败，敢于追求未知的成功。

当你把注意力放在富人的钱财上的时候，不如把眼光放远一点，与其拿别人的结果与自己的过程相比，倒不如去看看如果你处在了别人的过去，你又能做出什么？我们习惯了跟在别人后面，走别人走过的路，虽然那样更为安全，但那条路的“果实”早已被人采光了，剩下的都是别人不要的，你浪费了大量的时间、金钱和精力，结果只是在为别人增加财富。创新，一个老生常谈的话题，但能真正做到的又有几个呢？新事物在不断地诞生，说到底还是我们想法不够。

Andrew 曾说过：“我爸爸的钱是我爸爸的，前半辈子是我借他的，后半辈子我会还他。”正因为时刻保持着这种危机感和警惕感，他才从不懈怠，他始终觉得如果不努力的话，一切就会烟消云散。一个人只有保持适度的危机感，才不会跌入谷底，因为这份危机感始终在鞭策他不断前进和努力，让他们从不停下。

钱很重要，但仅限于在某种层面上。有钱人他们真正有的不是钱，而是价值。你有多大价值，你就能创造多大的价值，才能拥有多少财富。

23　为什么迷信会使人变穷?

当意识形态发生改变

被扭曲的价值观

一个人价值观的形成来自许多方面，而无论这种价值观是如何产生的，其最终都会体现在这个人的消费观上，而一个人的消费观直接决定了这个人是富有还是贫穷。那么，为什么迷信会使人变穷呢？首先，我们分析一下什么是迷信。

迷信原本属于意识形态的范畴，实际上其影响范围却涵盖了许多方面，对经济的影响就是其中之一。

封建社会时期，民众们经常会去寺庙供奉各种神明，还会修神像，乞求得到降福，这种活动十分频繁，并且十分重要，而这些活动会产生大量花销，甚至可以说，迷信活动在过去曾经是经济流通的一个重要渠道。那时候，人们哪怕自己忍受饥饿，也不会少了给神明供奉的供品，甚至一些地区还会直接将活生生的人作为供品上供。可想而知，在他们心中，神明的存在比人本身要重要得多，神明超越了个人，更超越了所有亲情与友情，他们被民众放在了高于一切的位置上。

当时的人们甚至不会将对神明的供奉看作是一种花销，哪怕只要提及了金钱的字眼，都是对神明的不尊重。然而，真金白银却不会说谎，到最后，一切仍然要以钱财数额来衡量。

给神明花钱是一件很有趣的事情。首先人们并不愿意承认他们是在花钱，他们只是认为自己正在做一件应该做的事情，在这期间产生的花费都要被无视掉，就算是砸锅卖铁，就算是倾家荡产，也要完成。这就导致了一个后果，那就是在给神明供奉的这一领域，几乎是个无底洞。

在行为经济学中有个名词叫作“心理账户”。每一个人都会在无形中给自己划分出几种账户，每一个账户可以花的钱都是不同的。在心理账户的作用下，在某些领域即便花再多的钱自己也不会心疼，在另外一些领域则不然。那么，当一个人无限信奉神明，甚至他不敢将在供奉神明上花的钱算在金钱流通方面时，在这部分心理账户中，这个人就是给它划分了一个没有上限的账户。

一个没有上限的账户，意味着花多少钱都是应该的，它与金钱无关，它是人生的最高意义。这时候，倘若最高意义需要这个人花出远远超出其个人财产的钱，他也会毫不犹豫地掏空自己的钱包。这就是迷信会使人贫穷的原因。

到了现代社会，尽管人们仍然会去寺庙祈福，也会修神像求平安，但经过了唯物主义的洗礼后，人们对这些活动已经从虔诚的参与变成一种娱乐活动。虽然现代社会仍然有许多迷信神明的人，也有一些人误入歧途去信奉一些违法的伪宗教，但是绝大部分人在受过教育后，已经可以做到保持清醒的头脑，保持理智去看待各种迷信行为了。

但是，即便封建迷信已经没有了市场，但社会上仍然有许多迷信行为，它们并非是封建迷信，但它们的表现却与过去人们参与封建迷信活动时的表现一致。

下面举一个朋友家的例子，小袁从上大学的那天开始，就想要买一台某品牌的电脑。该品牌的电脑价格十分昂贵，但是相应的，昂贵的价格带来的是优秀的性能，因此该电脑尽管昂贵，却颇有市场。各种互联网相关的网站、杂志上，都曾经大力推荐过该电脑，这令小袁的心蠢蠢欲动。

于是小袁开始攒钱，为了攒钱他每天只吃一顿饭，还会出去打工。别人出去打工是为了勤工俭学，小袁打工只是为了拥有那台电脑。整整一年，终于，在大二上学期，小袁靠自己的存款买到了那台电脑。

电脑性能的确很好，但是正处于兴奋中的小袁并没有意识到，这台电脑的大多数功能，他其实根本就用不上。

他并非计算机专业，也不是设计相关专业，他使用电脑最多只是打打游戏、查查资料，这台电脑对他而言其实是太过奢侈了。

但他并没有想过这些，他如同实现了信仰般，每天心满意足地使用着他的新电脑。在拿到新电脑后，他停止了外出打工，因为他已经没有继续奋斗的理由了。

我们一起来分析一下这件事，其实如果他能够将那一年打工的钱存起来，并进行理财，同时在不影响学业的前提下继续打一些零工，那么到毕业时，他将会有一笔不菲的财富。但是他并没有考虑过这些，他追求的只有那台昂贵的电脑，在满足需求之后，他便没有了赚钱的动力，因为对他来说电脑本身就是全部意义。

这个社会上，如小袁一般的人还有很多，他们并没有意识到，这种行为，其实与迷信行为极其相似。大部分的“小袁”们都是唯物主义者，但他们还是会迷信。他们迷信的对象不是什么神明，而是某种品牌、某种高科技、某种化妆品、某个偶像明星，或者是某个作品等。

检验自己是否正处于迷信状态的方法很简单，只要问问自己，在购买某个物品时，是否不论多贵都要努力去买到，是否只要能买到它，自己几乎可以付出任何代价。

在自媒体的经营方式中，有一种叫作网络主播。网络主播的营销重点，就是无限美化自己。只要能够获得更高的人气，网络主播可以给自己虚构出一个几乎完美的人设，他们可能是风趣可爱的，也有可能是温柔多情的，而他们的一切，都体现在摄像头呈现出来的视频方框内。在这个方框里，他们的观众看到的也就是这个方框后面的那个完美人设。

在现实中我们几乎不会去将身边的某个人当作神明一样去崇拜，因为我们看的方面更全面，距离更近，我们看到的人不论他多么优秀或可爱，他仍然是一个普通人。而在网络主播的世界里却并非如此，由于有着电脑屏幕或者手机屏幕的隔离，观众们看到的是一个虚假的人设。

在这种虚假气氛的烘托下，观众们开始对网络主播产生了不切实际的幻想，于是他们开始盲目崇拜或者盲目喜爱这些主播，并对他们进行疯狂打赏。其中一些狂热的人，他们已经不会去考虑打赏金钱的多少，他们追求的只是在打赏的排行榜上名列前茅的感觉。这时候，金钱不再是金钱，只是数据。于是就出现了一些人挪用公款打赏主播，或者贷款打赏主播的现象。

这种故事在旁观者看来是很愚蠢的，但是对当事人来说，他们的问题并不是愚蠢，而是他们已经陷入了一种迷信的状态，已经开始盲目地去将一些人或事物放在了超越金钱的位置上，到了这种状态许多行为都会变得失常。当人们围观这些人时，与其嘲笑他们的愚蠢，不如审视自己是否也有过类似的行为，自己是否也会在某些花钱的领域上几乎不会去做任何理财规划。

一个人无论富有还是贫穷，都与这个人是否努力有关，也有运气的因素，可是当一个人开始陷入迷信的状态，是很难不变得贫穷的，因为他的价值观已经扭曲，他的意识形态已经发生了改变。尽管并不是每个努力工作的人都会变得富有，但擅长理财或价值观正确的人，相对而言都不会贫穷。如果一个人已经陷入了贫穷的境地，除了去努力工作之外，不如也花时间检查一下自己的价值观和金钱观。

24 为什么越想“翻本”的人输得越惨?

“翻本”是不存在的

每一次投资都是独立的行为

明明已经是输局，却仍然抱着想要翻本的希望，这可以说是很多人都会有的心理。

这种心理反映在人们生活中的方方面面。比如本文中提到过的赌徒的翻本心理；比如创业，其实很多时候是十个创业九个输，但是为了翻本大家还是会往里不断投钱，直到最终失败；比如爱情，当你在一个人身上倾注了太多时间、精力和感情，到最后往往难以放手，难以做到及时止损，最后硬着头皮和一个已经没有感情的人生活在一起。

所以说，越想翻本的人，输得越惨。

这种现象，体现的是在经济行为中的赌徒谬误原理。

赌徒谬误是生活中常见的一种不合逻辑的推理方式，在这种推理方式下，人们会认为一系列事件的结果都在某种程度上隐含了自相关的关系，即如果事件 A 的结果影响到事件 B，那么就说 B 是“依赖”于 A 的。例如，一晚上手气不好的赌徒总认为再过几把之后就会风水轮流转，幸运降临。

其实“赌徒谬误”说明了人们心理上的一个认知误区，那就是将不相关的事情放在一起去计算概率。

抛出一个硬币，它落地后正面向上的概率是50%，但并不意味着抛两次硬币必定一次向上一次向下。事实是，这两次抛硬币是属于两个独立的事件，两次正面向上的概率都是50%。

而赌博也是同样，假如一次赌博赢钱的概率是1%，那么总有人认为只要继续赌下去，赢钱的概率就会变大。然而事实上，每次赌博的概率都是1%，并不会因为你进行赌博次数的多少而改变这个概率。

当你认为自己的胜率是50%而事实上只有1%时，你当然会赔到血本无归。

所谓的“翻本”实际上是根本不存在的，当你输掉第一次赌博时，你第一次投入的成本便彻底消失了，即便你后来某次赢了钱，也只是那一次的赢而已，与之前输掉的无数次没有任何关系。

这个道理，只要是在高中学过概率的人都会很清楚。概率学告诉我们，当一个盒子内放了固定数目的球，其中蓝色球和红色球各占一半，这时候我们在取出了三次都是蓝色球的情况下，下一次取出红色球的概率就会增加。

但是我们如果是去不同的盒子里，分别取出一次球，那么即便之前的几个盒子里，每一次都取出了蓝色球，在下一个盒子里去取球时，我们取出红色球的概率却仍然还是50%。

而赌博也好，投资也好，都是后一种情况。

在赌桌上，每一次重新发牌，都是换了一次盒子，也就是说无论你之前输了多少场，你这一场的胜率仍然跟之前完全一样。而你之前输的次数太多，这个结果刚好证明了每次赌桌上你赢的概率都非常低，也就是说这一次你仍然会大概率地输掉，而不会如一些人所想的那样，因为输的次数太多，就会增加赢的概率。

投资也是如此，当你投资一个项目后，这个项目不断地让你赔钱，你开始认为这样一直赔钱，总有一次会赚钱，但梦想成真的前提，是这个项目真的有一定的赚钱概率。事实上，这个项目就和赌桌上的赌鬼一样，都是手气非常差的存在，这个项目在市场上输掉的概率比赢的概率要大很多，所以如果你继续投入，更大的概率就是你会将仅剩的一点资金全部都赔光。

我们总是嘲笑赌徒看不清现实，但实际上，我们中的许多人，虽然不曾接触赌桌，但也往往存在赌徒心态。

小金早在读书期间，就很喜欢班上的一位女同学，他一直追求这个女同学，直到毕业后，仍然纠缠对方不放。该女同学虽然很感激小金的垂青，但她对小金实在没有任何爱恋之心，她最多只能接受与小金成为朋友，却不论如何也不能接受与小金恋爱这个事实。

尽管如此，小金还是以朋友的身份留在女同学身边，说是朋友，但小金仍然没有放弃继续追求，每逢过节总是会送一些较为暧昧的礼物。久而久之，该女同学意识到小金对自己的态度不可能如朋友那般单纯，便提出与小金从此不再来往。

小金深受打击，他一直认为，虽然该女同学对自己无意，但只要自己一直投入下去，对方总会被打动的，自己投入的感情总有“翻本”的一天，谁能想到该女同学竟然如此无情。

小金对该女同学的感情由爱意开始变为怨愤，他采取各种方式中伤女同学，散布各种关于该女同学的谣言，一时之间，令女同学十分郁闷。最后，该女同学无奈选择了向法院起诉，要告小金侵犯自己的名誉权。小金怎么也没想到，自己的一场追爱行动，最终竟然变成了对簿公堂。

之所以会产生这样的结果，是因为小金从一开始的心态就错了。追求所爱原本是一件十分美好的事情，即便最后失败，这也仍然是一个美好的遗憾，但倘若是带着赌徒的心理，认为自己投入的一切最终都要赢回来，那么必然就容易心态扭曲。

可惜的是，现实中小金这样的人实在是太多了。不论是感情也好、投资也好，还是其他行为也好，总有人认为自己输的次数越多，赢的概率就越大。

诚然，失败是成功之母，这句话本身是没有错的，但是失败之所以是成功之母，并不单纯的因为失败的次数足够多就会成功，而是人们会从失败中总结教训，通过那些教训，在下一次尝试中去提高成功的概率。

比如在投资行为中，当连续几次投资失败之后，聪明的人就会找出失败的原因，这样在下一次投资时，就可以避开那些让自己失败的因素，那么下一次投资成功的概率就会增加。而倘若只是抱着侥幸心态，那么成功的概率则仍然会微乎其微。

总之，无论是在赌场上求扳回一局也好，还是在投资中希望“翻本”，或者是在人生的选择上想要找回本钱也好，都只是愚蠢的自欺欺人罢了，真正的“翻本”靠的是从失败的过程中总结经验。倘若看清楚这一点，那么赌徒就不会再回到赌桌上了，因为他们在总结经验时会发现，自己会输的最大原因，就是走到了赌桌前面，只要离开赌桌，就不会再输下去。

这也是我们需要学习经济学的原因，只有懂得了事物的运转规律，才能避免自己再做蠢事。

当然，也有一些人即便已经可以将经济学倒背如流，却还是会陷入赌博的漩涡，这种人他们虽然理智上清醒，却无法克制感性上的选择，对他们而言，最好是从一开始就不要去接触那些可能会令自己做出错误选择的领域。

25　为什么薄利不一定多销？

薄利 VS 厚利

别让价格定义了产品的价值

犹太人被认为是世界上最聪明的种族，他们在文学、科学、艺术等各个领域的建树都令人惊叹。在经商方面犹太人也有着自己的独特见解，犹太人的经销法则被许多商人视为至理名言，而在犹太人的商法中有一条法则却并不被许多中国人所理解，那就是“最愚蠢的销售观念就是薄利多销”。

许多商人似乎习惯了用价格去吸引和挽留顾客，他们的思维是：原本一个商品可以挣 1 块钱，降价后，每个只挣五毛，那么多卖一个出去不是也能挣到 1 块钱嘛，只要货物不砸在手里就行。因此每当商品的销量不高时，商人们想到的第一个措施就是降价促销，似乎价格成了商家改变尴尬处境和提高自身竞争力的唯一选择。

再说一个我亲身经历的例子，位于某市科技园区的老王牛肉面馆已经开了 4 年了。科技园内大大小小的公司工厂加起来有二十多家，里面的工作人员加起来将近两万人，每天中午的客流量高峰期时多达两三百人。老王为人实在，每碗面定价 10~15 元不等，面条都是现做的，新鲜劲道，用料丰富，汤汁鲜美，每天去吃面条的人络绎不绝。有时人多的时候，顾客宁愿捧着碗站着吃，也要在他家吃这碗面。老王说，每天最满足的事就是看着隔壁店铺的老板站在自家门口不断张望店内的情形，边看边摇头叹气。可是突然有一天，老王却告诉我面馆关门了，实在是做不下去了。我问他为什么，老王拿着账本给我算了笔账，他们家最贵的一碗面是十五块钱，平均下来每碗面也就六七块钱，市面上牛肉的价格常年居高不下，每周购买牛肉就要花去一千多元，再加上青菜、小葱、鸡蛋、凉拌菜、调料等食材的费用，每个月其实根本剩不了多少钱，而剩下的这些钱还要扣除房租、电费和人工费，一通算下来老王夫妻俩每个月能到手的钱也就一千多，两个人辛辛苦苦的还不如别人在工厂打工挣得多。看着老王的账本，我回想起科技园内另一家面馆，他家主打乌冬面和意大利面，最便宜的一碗面都要 18 块钱，贵的还能卖到四十块钱一碗。虽说价格高，但好在用餐环境好、食品味道好用料足，因此也有不少人光顾。如果按照老王的方法来算，他们家卖一碗面相当于老王家卖两三碗面挣的钱，这样一来虽然他家没有老王家面馆的销售量大，但利润却比老王家高得多。当店家一味地让价格“亲民”，而民众却不以为意，甚至习以为常时，商人就被价格牵着鼻子走了。

薄利多销的观念流传许久，但时至今日这种观念的弊端受到越来越多人的关注。“薄利”带来的第一个现象就是“恶性的价格战”，你卖 100 元，我就卖 50 元；你送一双袜子，我就送一条围巾。总之，我就是要比你卖得多，就是要看你做不下去，逞一时之气，最后闹得两败俱伤 。

之所以会产生这样的情形，与中国经济发展的历史脱不了关系。中国自古便是农业大国，我们并不像西方国家那样重视经济的发展，我们所拥有的贸易往来，其主体依旧是一些基础的、手工性强的农产品和工艺品 。那时，因为是自给自足的小农经济，普通百姓的收入极低，对于其他享受型的产品热衷度不高。此外，除了因为受到重农抑商思想的影响外，由于当时生产力低下，再加上商品的制造和购买需要投入大量的金钱和人力，只有朝廷或个别富商有这样的实力，因此我国古代经济的发展范围有限，也就导致了古代经商的竞争力没有现在这么大，垄断行业的情形十分常见，那么商品价格的高低就由商家自行决定。资本主义的炮火强行打开中国大门后，我们被迫进入全球的贸易网中。我们没有西方国家先进的技术，也没有广泛的商业网，更没有强大的军事实力去肆意侵占别国的商品，我们只能靠便宜的人工和廉价的原材料，生产一些价格不高的产品，靠着这些“物美价廉”的商品，让我们在全球的贸易网中占有一席之地，这个情形一直持续到新中国成立后，直到这十几年我们开始强调创造和自主后才发生了较大的改变 。

当商人们用惯了“薄利”的方法，消费者习惯了“薄利”的价格，带给整个行业的就是无穷尽的恶性循环。消费者会不自觉地形成一种低价的认知，也就是这个产品就值这个价钱，他们不会因为特意降了价格而觉得欣喜和感激，反而会认为“即便降了价格还有得赚”，甚至会形成等待降价的习惯，专门等降价的时候买一堆，囤积起来以备不时之需。在这期间，消费者会认为产品的质量也就值这个便宜的价格，当消费者将产品的价值看低后，你再想改变他的想法就困难了。

纵观世界商业史，没有哪个商人或是行业是依靠薄利多销的方法壮大起来的，薄利多销只是特殊时期的营销手段，绝不是改变不利处境的救命稻草。“薄利多销”原则的适用范围极其有限，且影响时间短，只适合短时间内提高关注度和影响力。当商品的原料来源充足、价格低廉、不易受外界影响，产品工艺手续简单时，这样的产品有很大的弹性幅度供商人调整价格。另外，一个产品的生命力强，尚处于新产品入市阶段，受制于短期内无法广泛的传播，可采用薄利多销的方法，激发消费者的购买行为，从而广泛传播该产品，刺激消费者对企业中其他类型产品的购买欲望，并为自己的产品进行一次大范围的口头宣传。

如果说，市场上同类型产品多，竞争性强时也可以采取薄利多销的方法，这个时候就要分为两种情况。第一种，降利润只是为了抢占市场，争夺顾客，这种情况下“薄利”只是为了提高产品覆盖率的暂时性措施，因此在调整价格幅度的时候就要关注未来如果价格调整回原价后消费者的接受程度以及适应度。另一种则是“破罐子破摔”，商品本身已经不被市场接受，并没有深入发展的需要，这时采取“薄利”的方法则有利于最大幅度地降低企业损失，收回成本。

薄利多销也好，厚利多销也罢，重点都在“多销”，如何让自己的产品在原有基础上提高销量是每个商家关注的重点。其实商家们与其在价格上费尽心思，倒不如思考以下两个问题：一是你的产品定位如何，二是消费者如何定位你的产品。

对于自身产品的定位，决定了产品发展的方向。如果你的目标人群就是低薪阶层，那商品的价格绝对不能高，否则他们消费不起；如果你的产品是化妆品、电子产品，那价格就不能低，否则消费者不会相信你的产品。因此合理定位你的产品，是打开市场的第一步。

消费者对产品的定位，决定了其发展的期限。随着经济的发展，全球贸易网络的联系日趋紧密，可供消费者选择的产品类型越来越多，消费者对产品的定位直接决定了他会不会买你的产品。当产品被定义为高端品牌后，则要将选择权递给消费者，判断他们对于你的产品的认知是否与你相同。例如，日本生活用品制造商无印良品，该系列的产品中一个普通的密封广口瓶价格就要近百元，而市面上同类型的产品只卖十来元，价格翻了七倍，但依旧抵挡不住消费者购买的热情。归根结底就是在消费者心中已经默认了无印良品里产品的质量，也就接受了它的价格。

薄利多销并不是不对，但也绝不是什么“灵丹妙药”，归根结底还是要看商家如何经营产业，好生意都是养出来的，以心换心才是根本，一味地贪图快捷，既降低了企业的诚信，又消耗了消费者的耐心。

26　为什么企业里兔子比狼更容易生存?

锋芒毕露必为众矢之的

以兔子的姿态做一个狼性的员工

目前在职场上有一个颇为热门的话题，那就是应当做一个狼性的员工，还是兔性的员工。

所谓狼性和兔性，字面意义上，狼性意味着更加具有攻击性，更加显露锋芒，同时在工作能力上也十分强悍，兔性则意味着柔软可亲，温和且平易近人，同时在工作上就稍显弱势。

一个好的企业，往往会同时鼓励这两种员工。一个企业全部都是狼性员工，或者全部都是兔性员工，必定是不可取的，也不现实。因此，对企业来说，必定是狼兔结合，一方面有狼性员工为企业冲锋陷阵，另一方面，还要有兔性员工作为缓冲，为企业调和气氛。

只是，以上的考量，都是从企业管理者的角度进行考虑的，可作为个人，究竟应当选择狼性还是兔性？为了个人发展，是要像狼一样显露锋芒，还是像兔子一样柔软可亲？

还是用事例来说话。何明就职于某个电子产品企业，他学历高，技术好，因此领导给了他一个研发团队，要他设计出一项新产品，只要产品获得成功，他就是公司最大的功臣。

何明踌躇满志，他认为凭他的实力，必定能够超额完成任务。对于研发团队的成员，他有自己的想法，首先他不会接受任何拖团队后腿的存在，其次团队的成员一定要能够跟得上他的想法，绝对不能跟他的方向相悖。所以，在组建团队之初，他就在公司放出了话，只要可以配得上他的人，其他人想也别想。

他这种态度自然会引起一些人的不满，但大家都知道领导给何明的任务的重要性，因此大家也就只在心底发发牢骚，表面上还是支持的，并表示只要何明需要，一定全力支持。

大家的这种态度给了何明更大的底气。何明开始去公司各个部门要人，只要他开口，没人敢不同意。就这样，他的团队很快组建起来，手下都是他亲自挑选的人。

何明很聪明，他要的人都是能在各个领域给予他足够支持的人，有了这些人，对他的项目来说就是如虎添翼。他给大家分别制定了任务，并要求大家在规定的时间内必须完成，同时他也给自己制定了更加艰巨的任务，要求自己也一定以身作则。当所有前期准备完成之后，他一声令下，整个团队开始奔跑了起来。

这就是一支完全狼性的队伍，何明就是头狼，是指挥官。他虽然态度嚣张，但并不是浮夸的人，他深知这个项目的重要性，在项目进行的过程中，何明的态度始终是强硬的，不论对内还是对外，他都不允许有任何阻碍项目发展的障碍存在。对团队内部，他严格要求每一个人不掉队；对外部的公司，他也时常提出各种要求，只为把项目做好。

在他的这种工作态度下，项目果然完成得十分完美。何明团队的研发产品一经上市，就受到了市场的高度欢迎，帮助公司打了一场漂亮仗。一时间，何明收到了来自公司上上下下的赞扬，许多人虽然看他不顺眼，但也对他赞赏有加。

何明是个对自己要求十分严格的人，对于身边的其他人，他也同样严格要求，而不论他向其他人提出多么不合理的要求，他的目的都是为了将工作做好。很多人不喜欢他的理由不是他态度嚣张，而是他经常让人感到喘不上气来，只要他出现，很多人都会感到无形的压力。

那次项目的成功为何明在公司带来了很高的地位，而他也在该项目上吃了很久的红利，直到两年后，公司又给他分配了新的任务。

电子产品的市场就是这样，几乎是每隔一两年就要更新换代，两年前还很高端的东西，如今却已经是过时的了。这种市场规则决定了各企业必须经常进行新的研发动作，只要在研发上稍稍懒惰，企业就可能会失去竞争力。

开始新的研发工作的何明仍然延续着他一贯的工作风格，然而这一次的结果却不如上一次那样可观。他带领团队研发的产品上市之后，虽然并没有什么问题，可也没有十分出彩的地方。其他几家公司研发的产品都有一些令人耳目一新的亮点，何明团队研发的产品却几乎没有任何亮点。

这一次，何明虽然不能算是失败，可也没有大获全胜。很快，企业内部开始出现各种声音。一些人开始在言语间隐晦地冷嘲热讽，一些人甚至直接指名道姓指出何明的各种问题。尽管也有人为何明说话，但这些声音太微弱，几乎难以听到。

明明不算是失败，可何明还是陷入了墙倒众人推的境地。

与其说何明是因为没有如上次那样成功而被诟病，倒不如说很多人就等待着这样一个可以嘲讽何明的机会。如果做这次研发的人并不是何明，而是其他人，那么大家可能会很宽容地表示已经很好了，但正因为研发的人是何明，很多人就显得不那么宽容了。

何明没有发出任何声音，此时在企业里，他已经没有发声的机会了，不论他说什么，都只会让嘲讽之声更加响亮而已。只能怪他当初得罪了太多的人，四面树敌的结果就是这个企业容不得他出现半点失败，任何一点失败都会让他声名扫地。

但何明其实并没有做错什么，他并没有去针对过谁，也没有损害过谁的利益，他只是在工作上要求严格，只是将所有精力都花在了工作上而已。在公司，即便他会发脾气，也从来都是对事不对人，他实在不知道自己究竟为什么这样被人排挤。

何明的故事其实很简单，他所经历的一切就是一个狼性的员工在企业中遇到的正常情况。

狼在森林里是一种威胁性极强的生物，当它们出现时，很多动物都会立刻四处逃窜。狼的身形并不算巨大，但它们却比一些比它们大很多的动物都要可怕，它们最大的特点是在遇到猎物时几乎毫不迟疑，立刻就会冲上去，冷静而果决。

对于狼，其他的动物并不是讨厌，而是害怕它们，这种害怕是渗入骨子里的。那么当一匹狼失去了它的爪牙，变得虚弱时，其他动物也不会去帮助它，而是会趁机报复，来发泄多年以来的愤恨。

企业中的狼性员工也是如此。这样的员工，其实并不会令人讨厌，毕竟人们很难去讨厌努力工作的人，但他们令人感到压力重重，令人充满危机感。当一个人让周围的人感到太大压力时，这个人就很难受到欢迎了。

当然，对一个狼性员工来说，他并不在乎自己是否受到欢迎，他只在乎是否将工作做好。但人是社会性的动物，企业更是一个小型社会，一个完全不受欢迎的人，当他遇到问题时，也很难有人会主动愿意帮忙解决。而一个人不可能永远都是无往不胜的，他总有低谷的时期，总有不如意的时期，这时候，如果身边没有任何人向他伸出援手，他就会十分艰难。

仔细观察就会发现，在企业里，那些工作能力不强，但个性温和，能够与其他同事友好相处的员工，平时往往能够获得更多的帮助。这类员工，便是与狼性员工相反的存在，也就是兔性员工。

兔性员工可能工作能力不如狼性员工，但他们胜在得道者多助。他们因为本身的工作能力不足，因此更重视周围其他人的感受，更愿意与其他人配合工作，多数人也都更愿意与这样的人相处。当这样的人在工作上出现问题时，其他人也多数会选择原谅，并且愿意伸出手去帮助他们解决问题。

对一个企业而言，无论某个人的个人能力有多强，他仍然比不上团队的力量。团队合作始终是企业的工作重点。而大多数人都更愿意与那些在工作上不会令人太过紧张的人合作。

所以仅从个人在企业的生存来谈，兔性的员工比狼性的员工更容易生存。

不过相应的，兔性员工在工作能力上必定就要比狼性员工逊色，到了真正需要上战场的时候，企业仍然还是需要那些工作能力出色的人来担当大任。

其实狼性员工也好，兔性员工也好，这两者并非是完全相对立的，也是可以相互渗透的。正如一个企业既需要狼性员工也需要兔性员工，作为个人也是可以同时兼具狼性和兔性这两个特点。在工作态度上，保持狼性的理智冷静和果敢，而在与他人合作上，保持兔性的温和柔软，这样的人其实才是真正适合在企业中生存的人。

只能说，将狼性与兔性良好结合是最佳的状态，但具体应当如何表现，还需要在职场上慢慢摸索。

27 为什么有些机票可以打一折?

理性人考虑边际量

有时候看似赔钱实际不然

商业行为中，我们时常会看到一种现象，就是商家为了搞促销，会推出一些超低价甚至是免费的产品。当遇到这种现象时，我们的第一反应，往往认为这是商家在为了促销而自损，认为商家为了扩大知名度和销售量，而不惜牺牲一部分利益。

实际真的是如此吗？推出那些超低价，甚至低于成本价的产品，对商家的利益真的会造成损伤吗？

余庆是我的一个朋友，他出于工作的原因，经常会坐飞机往返于两座城市之间，为了节省一部分交通费，他常通过各种途径购买打折机票，有的时候甚至还能买到一折机票。他一直认为自己是个很懂得理财的人，在他的概念中，花钱不仅仅是一个购物的过程，更是一个跟各种商家博弈的过程，他不但希望能花最少的钱买到最合适的东西，更希望能够尽可能地压榨商家的利益。

都说商家奸诈，实际上购物者有时候也同样“奸诈”，商家在绞尽脑汁从顾客的钱包里掏钱的同时，顾客也在想尽办法去占商家的便宜。

当然，余庆和那些无良顾客不同，他虽然也会动各种心思，却不会去动歪心思，就算他花低价购买到了想要的东西，也都是与商家之间的你情我愿，并不存在欺骗问题。

而购买机票就是这样的你情我愿的过程。与经常购买三、四折，甚至时常能买到一折机票的余庆相比，那些全价购买机票的顾客看起来就比较吃亏。但是每一趟飞机上，大部分顾客都是这些全价或者打折程度不高的顾客，当然，这些顾客才是航空公司创收的主要来源。

余庆也想过，如果所有顾客都和他一样，通过各种技巧购买超低价机票，那航空公司迟早会破产的，不过他不必去关心航空公司的经营问题，他只关心自己是否花了极少的钱，却享受到了超值的服务。

在余庆看来，或者在许多与余庆类似的人们看来，他们都占到了航空公司的便宜，在这场交易博弈中，他们认为自己是胜者。

那么事实到底是怎样的呢？事实是，他们购买机票的价格，的确是低于航空公司运送一名乘客的成本。

那么，是否因为如此，航空公司就是在做亏本的生意呢？这就要仔细分析一下航空公司的成本问题了。

我们来假设一架飞机从北京飞到上海的成本是 10 万元，假设飞机上共有 200 个座位，那么平摊到每一个座位上，运送一名乘客的平均成本就是 500 元。

因此我们可以很容易得出结论，一次飞行的机票，绝对不能低于 500 元，如果低于 500 元，那么航空公司就是赔钱的。

但这里有一个问题在于，飞机上本身提供的服务是不同的，头等舱和商务舱的价格必定远远高于 500 元，打折力度较低的那些机票价格必定也会高出成本价很多，那么即便一趟航班并没有坐满，这趟航班最后仍然还是收益高于成本。

当然，余庆等人认为，虽然其他人买的是高于成本价很多的机票，但自己买到了低于成本价的机票，自己就是占到了航空公司的便宜。

不仅仅局限于购买机票，在现实生活中，很多人买到超低价格的产品时，也都会认为自己占到了商家的便宜，比如那些处于宣传期的新产品，那些与主要产品捆绑销售的赠品等。许多人热衷于购买那些附带赠品的产品，也是因为自己在这场交易里付出的更少而得到的更多。

这种想法并非完全错误，因为他们确实比其他人得到了更多收益，对于同样的商品，他们也的确花费了更少的钱，但商家会因此就赔钱了吗？实则不然。

仍然以机票的例子来看。虽然平摊到每一个座位上的成本价是 500 元，但机场并不会在平常的购票途中贩卖价格低于 500 元的票，机场通常会在飞机起飞前几天，甚至在起飞前的几个小时内，放出超低价格的机票。

机场之所以卖出这些机票，是因为机舱内尚未坐满。这时候，对于一趟航班来说，增加一个乘客的成本是多少呢？

我们知道一个人的重量，与整架飞机的重量相比可以说是微不足道，也就是说增加一个乘客所多耗费的燃油也是微不足道的，那么增加一个乘客的成本，就只是一顿飞机上的午餐而已。

余庆的确买到了一折机票，但他也并没有从航空公司那里占到便宜，因为航空公司多运送他一个乘客，所付出的成本就只有那顿午餐的十几元钱罢了。

商场中那些超低价格的产品也是如此。那些产品往往有个特点，就是它们通常都是生产主要产品过程中的附带产品，那么生产它们所付出的成本，其实只是增加的那一点生产材料而已。

这种成本，就是我们所说的边际成本。

我们说，理性人考虑边际量，这里是说经济学上所定义的理性人，在思考增加或者减少一部分东西时，并不会从整体成本中去计算，而是会去计算增加或减少这个动作本身，所引起的成本变动。

比如一个牙刷工厂，要生产 1000 个牙刷，那么如果将生产量变成 1001 个，这时候机械的磨损、耗费的电量等都是可以忽略不计的，变动的成本仅仅是用于生产那一个牙刷的材料而已。

边际量的思考方式，看起来很简单，实际上并不容易，就好比余庆很难理解他并没有占到航空公司的便宜这个事情一样，很多人也很难将整体思维转化为边际思维。然而事实是，我们日常生活中，更多时候需要考虑的，都是边际的变化，而并非整体的变化。

口渴的时候，我们需要考虑的，并不是该去喝 500 毫升的水，还是 600 毫升的水，而是在喝了 500 毫升的水后，要不要再去多喝 100 毫升的水。吃饭时，我们也不是要考虑这顿饭该吃一碗还是两碗，而是在吃完一碗后，是否可以再吃一碗。

在人们的固定思维里，大部分人都更习惯于整体思维。当事物发生变化时，许多人也习惯将变化后的整体计算在内，重新计算成本和利益。但在实际运行中，事物并非永远都是一个整体，绝大多数的变化都发生于边际，我们需要考虑的，也只是边际那一部分。

如果边际利益可以大于边际成本，那么接受变化就是有利可图的；如果边际利益低于边际成本，那么就应该维持原状，不应当做出改变。

航空公司也是如此，在考虑是否要增加一个新的乘客时，他们也不会去重新计算所有乘客的输送成本，他们只会计算多加的这一个乘客为他们增加的那部分成本。而这就是边际思维。

如果将边际思维的思考方式加入自身的常规思考方式，就会发现面对许多事情时的决策都变得不同了。

人们的购物行为中时常有这样一种现象：当他们花了许多钱时，就开始不在乎那些小额的花费。比如，当一个人花 1000 元购买了去游乐场的门票，那么在进入游乐场游玩的过程中，不会在意花 6 元钱去买一瓶水。因为 6 元钱比起 1000 元钱来说实在算不了什么。但是在日常生活中，去超市买一瓶水，他们就会认为 6 元钱一瓶水实在是太贵了。明明都是 6 元钱，为什么对前者那么大方，对后者却那么吝啬？

一方面是因为参照效应，另一方面，则是因为，他将前者的所有花费都看作了一个整体。也就是说，他将 6 元钱一瓶水的成本，与去游乐场游玩的成本放在了一起，那 6 元钱并不是简单的买一瓶水，它是购买整个游乐场享受的成本的一部分。

这种现象十分普遍，比如购买高档公寓的人，在购买那些装饰品时也更容易花上高价；买高档车的人，也更容易花高价买车内配饰。

但如果利用边际思维，就可以轻易摆脱这种容易吃亏的消费心理。比如，去买水的时候，不要去考虑整体花费，仅仅考虑增加这一瓶水需要付出的边际成本。买屋内装饰品的时候，不要去考虑买这栋公寓花费了多少钱，而是只考虑增加这个装饰品所获得的边际利益，与为之付出的边际成本，哪边更高一些。

只要考虑清楚边际量的变化，就可以很清楚地看到这部分边际成本究竟是否值得去付出。经济学家说理性人考虑边际量，我们现实生活中的人虽然并不都是理性人，但将理性人的思考方式借鉴过来，用更聪明的方式去进行决策，则是生活的智慧。

28　为什么会越减越肥?

自我控制资源是有限的

肥胖者多数同时伴有较高的时间贴现率

在通常认知下，减肥、戒烟、拖延，这些人们的生活行为与经济学是两个领域的事情，但随着行为经济学的发展，人们惊讶地发现这些生活行为实际上都能够与经济学挂钩。当然，人们的大部分行为都属于心理学范畴，经济学很少去涉及，但由于行为经济学是一门将传统经济学与心理学相结合的学科，这就使得一些学者开始用经济学的思维方式去探讨心理学方面的问题。

最初，行为经济学只是研究人们的心理对经济现象的影响，但随着这门学科的深入，人们发现经济学的理论也可以反过来用于分析人们的一些心理问题，从而重新为人们的一些行为作出不同的解释。

减肥、戒烟、拖延等行为，就在这一范畴之内。

宋小姐原本并不算胖，或者说，并不能归类为医学意义上的肥胖，她最多是比标准体重稍稍重了一些。当然，这样的体型，在当今的社会标准下，就可以被称作为胖了。

不光是别人会说她胖，她自己也这么认为。在外界和自身的双重压力下，她决定开始减肥。

她并不是那种不理智的绝食型减肥者，也不是那种会以伤害自身为代价的减肥者，她的减肥过程很健康，就是调整饮食结合运动。当然，说是调整饮食，但有些东西也是不能吃的，比如炸鸡和薯条，比如蛋糕和麻辣烫，与节食者比起来，这种调整饮食的过程并不幸福。节食者需要克服的是饿，而调整饮食者需要克服的则是馋。

宋小姐忍住了馋，同时每天提醒自己坚持运动，这样持续了几个月。她的努力并没有白费，她的体重也的确减轻了十几斤，从外形上看也苗条了不少，然而，就在她即将成功时，事情却开始发生变化。

她开始疯狂渴望炸鸡、奶油，渴望各种高热量的食物，起初这种渴望她还可以克制住，但渐渐地，她开始无法克制。每一次，当她忍不住吃下高热量食物后，都会陷入沮丧的情绪中，由于情绪的低落，让她更无法如之前那样坚持运动。

就这样，几个月后，她原本瘦下去的体重又回来了。而事情并没有到此结束，因为她对高热量食物的渴望还在持续，她还是会继续去吃，然后接着沮丧，又过了一段时间，她的体重比减肥之前还要重了。

又过了一段时间，她认为这样下去不行，她还是要减肥，于是又回到了最开始的状态，调整饮食、运动、崩溃、复胖。几次循环下来，她真的进入了医学意义上肥胖的领域。

回头看宋小姐的整个减肥过程，她似乎并没有做错什么，她的减肥计划没什么问题，如果说哪个环节出了问题，那就应该是重新接触高热量食物。

实际上，许多减肥者面临的都是与宋小姐同样的问题，就是不论他们的减肥计划制订得多么完美，不论他们多么严格地执行那些减肥计划，在某个环节的某一天，他们都会主动去打破那个计划，都会去做一些违规的行为，从而使得整个减肥计划失败。最糟糕的是，当他们陷入减肥的循环怪圈，他们打破规则的行为出现的时间会越来越早，且越来越难以控制。

为什么会如此呢？是因为他们不够自律吗？

当学者们探讨行为经济学时，引入了一个概念，叫作时间贴现。这个理论是说，人们对发生在不同时间点中的事件的价值判断是不一样的。比如，让受试者选择一个小时后给他 100 元钱和一个月后给他 5000 元钱，大部分受试者都会选择前者。

这也就是很多人总会选择眼前利益，而放弃长远利益的原因。尽管长远利益可能远远高于眼前利益，但是许多人仍然无法抵御眼前利益的诱惑，这其中的一个原因就是时间贴现率。

作为旁观者，任何人都可以说，选择眼前利益是不理智的，是愚蠢的行为。但问题在于，当人们做出选择时，未必都能够保持在理智的状态。人并非是机器，不可能抛却一切自身感官因素，完全通过数据去判断事情，人总是会受到各种心理因素的影响，这也是行为经济学能够成为经济学中的重要分支的原因。

既然人会受到心理因素的影响，那么就无法摆脱掉“时间贴现”的影响，哪怕理智告诉他长远利益才是更划算的，但其内心仍然对眼前的短期利益有着更积极的渴望。要想克制这份渴望，再最终做出理智的判断，就需要他通过理性的思考来控制自身的心理错觉和情绪。

时间贴现这个心理，从经济学的角度出发，是一种负面的心理，因为它很容易让人做出错误的判断，很容易让人无法看清情况的真正发展趋势。当然，这只是从理性思考的角度而言，如果从人性本身出发，那么时间贴现这种心理实际上是可以增加人们的幸福感的。

正因为时间贴现心理的存在，很多人在得到自己心爱之物时才能够感到无比幸福；当吃到喜爱的食物时，也能感到最原始的快乐。

因此，我们不能去判断时间贴现这个现象本身的正确与否，我们只能在当这一心理开始对自身做出负面影响时，努力去与之对抗，这种对抗，需要的就是理性的控制力。

回到宋小姐的故事，她坚持运动，保持健康饮食，拒绝那些她原本十分喜爱的炸鸡和薯条，这个过程实际上就是在耗费她的自我控制资源。

而且，自我控制资源是有限的，在心理学上，自我控制资源虽然可以恢复，但需要时间。如果在恢复周期内，还在不断消耗自我控制资源，那么一旦资源耗尽，这个人就彻底失去了自我控制的能力。

一个有趣的现象是，通过研究表明，当一个人的自我控制资源被大量消耗时，他的时间贴现率就会变得比普通人更高一些。那些戒烟者、减肥者们，他们平时需要消耗许多自控资源用来戒烟和减肥，其自我控制资源消耗的速度远远大于恢复的速度，于是他们的时间贴现率往往也更高，当遇到需要在短期利益与长期利益之间进行决策时，他们也更容易去选择短期利益。

在自控资源足够时，宋小姐的选择是拒绝那些高热量食物，但随着自控资源的一再消耗，她的意志开始变得薄弱。到最后，她失去了自控的能力，时间贴现率变得非常高，而她无法通过理智去抵御时间贴现的副作用，因此她才会重新去吃那些高热量食物。

当她的时间贴现率变得比普通人更高后，她的心理状态已经发生了改变，这时候让她回到过去的心理状态是很难的，于是她变得比过去更加渴望那些高热量食物，开始比减肥之前吃得更多，渐渐地，体形也随着减肥的次数，一次比一次更胖。

当然，并不是所有减肥者都如宋小姐一样，有些减肥者最后的确会减肥成功，但这种减肥者多数都是通过外力的控制，完全通过自身控制成功减肥的减肥者，要么是其自身有着十分丰富的自我控制资源，要么是他能够谨慎使用自我控制资源。

因此我们可以得出结论，之所以许多人减肥会失败，就是因为自我控制资源耗尽导致时间贴现率变高，极高的时间贴现率，导致他们需要用更多的自我控制资源来控制自身的行为，从而陷入了一个不断恶化的恶性循环。

不仅仅是减肥者，在许多问题的决策上，当一个人开始习惯获取短期利益，那么他就会变得更难去选择长久利益，也更难保持冷静的思考，去抗拒时间贴现率带来的对利益判断的错觉。

对于宋小姐，如果想要减肥成功，她首先需要考虑的并非是如何去制订一个更有效的减肥计划，而是如何增加自身的自我控制资源，以及如何降低对自我控制资源的消耗。

严格的减肥计划会大量消耗自我控制资源，因此她需要制订的应当是一个不那么严格的减肥计划。同时，自我控制资源可以通过良好的休息来恢复，她应当保持更加良好的作息，并且检查在生活和工作的其他方面是否有占用许多自控资源的情况。

时间贴现率是一个很难降低的存在，它可能由于各种原因升高，要降下来却非常难。虽然当一个人的时间贴现率变得很高时，他需要通过各种努力让它降低，但我们大部分人需要做的，就是从一开始就不要让它升高。

因此即便我们很多人并没有减肥或者戒烟的需要，我们仍然要保持自我控制资源的充足，仍然需要让我们的时间贴现率保持在一个相对低的状态。因此在面对短期利益与长期利益之间的选择时，我们应当尽可能让自己去选择长期利益，尽可能去养成抗拒时间贴现错觉的习惯。

尽管长期利益看起来远不如短期利益那么诱人，但我们内心都十分清楚，选择长期利益的人，最终才能成为真正的赢家。

29　为什么生产商会将大量资金投入在广告上？

人是容易被暗示的

消费者更容易接受那些他们熟悉的商品

对于绝大部分成年人来说，他们对广告的认知都是十分明确的。他们清楚地知道广告内容必定有所夸大，知道广告只是虚架子，关键还在于产品本身的质量。因此在人们的认知中，一个优秀的目光长远的商家，应当将更多的精力放在产品本身上面，而不是本末倒置，将许多成本投入到广告上。

但现实情况却与人们的这种认知背道而驰，不论是有着长远规划的大厂家，还是急功近利的小商家，他们每年都会在广告上投入大量成本，有些甚至超过了产品本身的成本。

为什么会这样？是这些厂商想问题的角度太过单一吗？还是因为他们不能看清楚事物的本质。

其实与其责备商家在广告上耗费太多成本，倒不如先反省自身，先去思考一下，那个只要产品本身过硬就能够立于不败之地的认知，究竟是否正确。

李叶一直认为自己是个很聪明的人。她觉得，在选择商品上面，她总能保持清醒和理智。虽然有些商品在广告上吹得天花乱坠，但她从不会轻易相信那些广告词，她总是更注重产品本身的质量。

因此，她对那些经常出现在广告上的产品总是不屑一顾。无论广告打得多漂亮，都不会成为她购买的理由。

比如当她挑选空调的时候，她不会去看那些写在广告牌上的东西，她更重视的是口口相传的口碑。当超过三个同事都告诉她某个空调更好用后，她选择这个空调的概率就会大大增加。

不过，有趣的是，到最后她买到手的那些商品，尽管她绕过了广告宣传，但它们的宣传力度也并没有比其他产品更小，倒是那些宣传力度并没有多大的产品，反而很难入她的法眼。

原因很简单，那些产品她听都没听过，怎么可能买回家？她固然不相信广告，但也更加不可能去相信一个连广告都没有的商品吧！

酒香也怕巷子深。并不是说深巷的酒不够香，也不是说人们不会喜欢深巷的酒，而是一旦巷子太深，那许多人就根本没有机会去品尝到这口酒，再者，即便有少数人喝到了这酒，了解到了这酒的香醇，他们也未必有兴趣去其他地方为这酒家做过多宣传，最多只是在酒桌上向同桌的人推荐一下。

靠民众口碑去宣传一个产品，在过去的时代很难进行，在现在这个时代更是难上加难。

当然，在当下的市场中，也有靠口碑打出名头的产品，但这种情况，多数都靠营销公司的背后运作。没有任何的专业营销运作，又能在人群中累积起足够知名度的产品，即便有，也是凤毛麟角。

那么大多数的商家要靠什么来提升自身产品的知名度呢？自然是通过打广告。

谁都明白产品本身才是关键，谁都知道成本应该更多地投入到产品本身上，但如果真的这么做了，做出了出色的产品，也很有可能因为宣传力度不足而无法达成销售指标，短时间内无法收回成本，对资金并不十分雄厚的商家来说，这就是致命的打击。

所以即便大家都清楚广告成本过高，但为了能够提高销售量，为了能收回成本完成后续生产，商家就必须要分出很大一部分成本在广告上。

我们换个角度来看，广告对于消费者来说，用处究竟有多大呢？

可能作为消费者并不愿意承认，但事实是，广告几乎主导了消费者的全部生活。

在人们的认知下，任何一个领域的商品，其中都有一些明星商品，比如提起空调，人们想到的总是格力、美的，提起冰箱，人们总会想起海尔，提起文具，人们总会想起得力……

这些商品之所以会成为明星产品，其自身质量的过硬固然是必不可少的条件，但如果仔细比较，会发现其他品牌的产品未必比他们差了很多。但人们还是更愿意相信这些他们熟悉的品牌，而不愿意去接受那些他们并不了解的品牌。

对于那些人们耳熟能详的品牌，人们几乎张口就能说出它们的广告词。

这是一种良性的循环，最初，商家通过广告，让消费者们熟悉并接受了某一个产品，接着这个产品的销售量增多，商家的收入增多，这样商家就有了更多的后续生产成本，可以用这些成本做出更加优质的产品，优质的产品带来良好的口碑，这些口碑又成了二次广告，一个品牌就这样一点点从小做大，深入人心。到最后，消费者自己也会说，他们选择某个品牌，只是因为其产品的质量优质，而并非是广告效应，却忘记了这个产品最初能够走入人们的认知，靠的就是广告。

那么在一个成熟的市场中，新的品牌又该如何立足？自然也是靠广告。虽然那些固有的品牌已经主导了人们的生活，但新品牌并非完全没有竞争力。只不过，新的品牌需要在广告上花费更多的工夫，比如选一个群众基础较好的代言人，或者通过洗脑效应，漫天遍地铺设广告。

虽然有许多人会不服气，认为自己有理智的判断，并不是会被广告牵着走的人，但事实是他们的确就是被广告牵着走的，只是许多时候他们自己尚没意识到自己已经受到了广告的影响。

如今在新媒体时代中，网络代替传统媒体，成为人们接触最多的媒介，于是网络软文成了新的广告方式。随便一篇科普文章，甚至随便一篇随笔故事，其中都有可能包含了广告。不过，软文并非完全是网络时代的产物，从古至今，商家打广告的方式都是多种多样的，只要是能够使某个产品进入人们的视野内，从而进入人们的脑海中，就是成功的广告。

作为消费者，其实也并不需要为自己受广告影响太深而烦恼，因为一个发布了大量广告的产品，同时也意味着它要接受来自大量消费者的检验，如果这么多的消费者都表示产品本身是合格的，那么这个产品通常就可以放心使用。不过对于那些在市场上停留时间并不算很长的产品，消费者还是要留心警惕，尽可能保障自身的利益。

那作为消费者，又该如何确定自己是该去相信广告，还是怀疑呢？

其实在这一层面上，消费者本身很难做出一个正确的判断。

一个理智的经纪人可能会花费大量时间来分析某个产品的各项数据，但作为来自各个领域的消费者们，他们首先未必有那么多的专业知识去分析，其次他们也未必有那么多的时间和精力去判断某个产品。

消费者未必不够聪明，但他们也无法保证在任何一个方面都思虑周全。一个炒股高手可能并不会花费心思挑选他晚餐喝的啤酒，一个公司老板也未必会去在意他平时使用的中性笔，当需要他们对此做出选择时，他们更可能会选择那个他们觉得更熟悉的商品，也就是广告最多最响亮的商品。

因此我们说，被广告牵着走，也未必是坏事，至少许多时候广告帮我们做出了选择，节省了我们主动去选择的时间和精力，只要不是虚假广告，那我们就都可以欣然接受，更何况有些商家做的广告真的很精良，甚至堪称是艺术。

既能给我们带来艺术的享受，同时又能代替我们去做出选择，对于消费者来说，何乐而不为呢？

可事实上，广告并非仅仅存在于商家推广这一范畴内。诚然，商家要想将产品卖出去，就需要投入大量广告，但其他人如果需要推广什么东西，也同样需要投入广告。

比如政府要宣传某个政策，就需要通过各种广告让民众去了解这个政策的优点，从而让民众接受；或者学校要招生，也需要去分派各种招生广告。当我们说，广告主导了人们的全部生活时，这些生活也包含了经济之外的内容。

一个人要想在事业上获得成功，同样需要在广告上做文章，只不过，这是用来宣传其自身的广告。或许有人认为是金子总会发光，他不需要去向别人推销自己，只要自己能力出众就可以，但在当下这个时代里，一个人倘若无法将自己的优点向人推广出去，那么他的能力再强也很难获得充分的挖掘。

经济学是一门与人息息相关的学科，而经济市场上发生的任何事情，其实都能够借用在人们自身上。商家为了推销他们的产品，需要投入大量成本在广告上，而一个人为了自身得到足够的发挥，也需要投入许多精力在推销自身上。

自我介绍、自我陈述、良好的形象、漂亮的简历，这些都是一个人的“广告”。能力本身很重要，但打好广告也同样重要。不要寄希望于所有你遇到的人都能够迅速看到你的内涵，这不现实。

绝大部分人都很容易被暗示、被注入思维，商家的广告是这样，书本中或者文艺作品中透露的思想是这样，对人的印象也同样是这样。如果想要让其他人去接受你的产品，或者思想，那么就要通过各种宣传方式先给予对方一定的暗示，只有当你已经进入到这个人的思维里，你才具备进行下一步的可能。

30 为什么外卖如此受欢迎?

某种东西的成本是为了得到它而放弃的东西

时间与精力是可以用金钱衡量的

随着互联网在智能手机上落地生根，许多依附于手机网络的行业也应运而生，外卖就是其中之一。

在智能手机风靡之前，并没有人预料到外卖能发展得如此迅速，甚至在外卖 App 刚刚开始流行时，也有许多人认为这一行很难在城市中立稳脚跟。然而事实与大多数人想象却完全相反；外卖行业不但迅速发展起来，而且成为城市生活节奏中的主要旋律。

在外卖风靡之前，年轻上班族们的午餐，主要是自带的便当，或者是公司的食堂，学生们除了食堂便是宿舍内的泡面，至于其他可以经常回家的人们，则是自己买菜做菜。

人们早已习惯了这种模式，而习惯是一种十分可怕的东西，它最可怕的一点就在于很难去打破它。

这也是最初人们并不看好外卖行业的原因，毕竟如果这一行业要发展壮大，前提就是人们会愿意更改自己一贯以来的生活习惯，要做到这一点可谓十分艰难。但外卖偏偏做到了这一点，它不但改变了人们的生活习惯，甚至还改变了许多餐馆档口的经营模式，一些位置较偏僻、门店较小的餐馆，其主要收入来源已经从店内经营变成了依靠外卖，更有甚者，一些餐厅从它开始营业起，就将主要目标放在了外卖上。

短短几年，外卖就从不被看好，一跃成了人们生活中不可或缺的一部分。为什么会如此？为什么外卖能够轻易改变人们保持了十几年甚至几十年的生活习惯？

琪琪曾向我讲述她的经历，她现在是某个外卖 App 的忠实用户，可以说，她见证了外卖这一行业的发展历程，而她自己，也是经历了对外卖从排斥到接受的过程。

外卖行业刚刚兴起时，她还在上大学。那个时候许多同学已经开始了外卖生活。虽然并不会每顿饭都通过订外卖解决，但是当打算改善伙食时，一些同学就会通过外卖 App 购买食物。

那时候琪琪并不能理解这一行为，她认为这是懒惰的表现。日常的饮食完全可以通过食堂来满足，如果想要改善，直接去餐厅难道不是更有气氛？通过外卖 App，花出额外的送餐费，在宿舍狭窄的空间里吃东西，就只为了节省走到餐厅的那点时间，这是琪琪无法接受的。

当然，大家都一致叫外卖时，她也会随波逐流，跟着大家一起吃外卖，但这不能改变她内心对这一行为的排斥。这种情况一直持续到她毕业开始工作之后。

进入新的工作环境，琪琪发现很多状况都和在校园里不同了。在校园内，她需要考虑的问题只有书本上的和每次考试的成绩，但工作中的节奏跟校园内却完全不一样，如果说校园里是舒缓的古典乐，那么工作就是内容丰富的交响乐。

要演奏好这首交响乐，琪琪意识到她不可能再如从前那样，每天优哉游哉地过日子，她需要打起全部的精神，用大部分精力和时间来应战工作。

但人的精力总是有限，时间也是有限的。既然不想牺牲夜晚的时间，那就只有从白天的时间里挤了。最初，琪琪早晨会吃一些面包，中午在单位食堂吃饭，傍晚下班回家后自己买菜做饭吃，但是当工作忙碌起来，她才意识到每天晚上自己买菜做饭真的占用了很多时间。不仅是时间，做饭也是会耗费精力的，当她打足全部精神工作了一天之后，再用剩余的那点精力来做饭和洗碗，当一切忙碌结束后，她就只想躺在床上玩手机了，别说总结工作，那时候她甚至连工作这两个字都不愿意听到。

于是从某一天开始，她使用起了外卖 App，并从此一发不可收拾。尽管外卖需要她花费更多的金钱，但这笔钱已经是生活的必要开支。这种转变是在不知不觉中完成的。

无论如何，外卖为琪琪节省了不少时间和精力，让她能够更专注地工作。晚上在等外卖的期间，她会去做工作总结和第二天的工作计划，吃完外卖后，她也不必洗碗，而是直接将餐盒扔掉，并继续一边娱乐放松，一边思考工作上的问题。

其实，琪琪的生活是城市中许多年轻人的缩影。他们并不是懒惰，也不是大手大脚，他们选择外卖，只是因为他们真的没有那么多时间和精力去追求更舒缓的健康生活。

对于生活节奏异常快速的城市来说，人们几乎是在与时间赛跑，是争分夺秒地过日子，这种情况下，哪怕多浪费一点时间，都会让人心痛不已。

回到最初的问题，为什么外卖能够如此受欢迎？答案就是：外卖真的能够帮助人们节省生活成本。

人是一种智慧的生物，他们会在不知不觉中选择让自己获得更多利益的生活方式。因此，尽管人们的生活习惯很难被打破，但只要有一种新的形式能够让他们消耗更少的生活成本，那么他们就能轻易改变自身的习惯。

然而我们都知道，一份外卖的花费实际上远远大于自己亲手制作，从表面上来看，外卖似乎是在浪费生活成本。这里就需要解释一个问题，就是机会成本。

在经济学中，某种东西的成本是为了得到它而放弃的东西。这里的“东西”，并不是指具体某个事物，也不是单单指金钱，而是包括了一切，比如时间、精力，以及其他选择等。

从经济学的角度来计算一份外卖的成本，就是为了得到这份外卖所放弃的东西，这个答案很简单，就是为了这份外卖而付出的金钱。而自己买菜做饭，需要计算的成本，除了买食材所花费的那一部分金钱，还包括了自身付出的时间与精力，同时还包括了在做饭期间自己可以去做的其他事情。

这样相比较来看，对于工作较为忙碌的人来说，后者的机会成本或许反而更高了一些。

健身，自己买菜做饭，保持良好的作息……这些看起来是一种十分正确的生活方式，但这只是看起来罢了，实际上，要维持这样的生活，付出的机会成本是十分昂贵的。

悠闲的生活，意味着降低工作效率，无法得到高薪；健身，意味着将许多时间和力量都耗费在健身上面，而这部分时间和力量原本可以用在学习和工作上；自己买菜做饭，更是放弃了许多时间资源。

因此我们可以说，那些看起来很健康很规律的生活，实际上是用昂贵的机会成本来维持的。如果自身资本雄厚，尚能去享受这样的生活；如果自身并没有足够的资本，那么要保持这样的生活就是一种奢侈了。

在城市中生活的年轻人，大部分都无法享受那样的奢侈，他们只好退而求其次，让自己在不那么健康的生活状态下，尽量节省精力和时间。

当年轻人来到职场，他们得到最多的忠告，往往都是让他们一定要做好职业规划。有些年轻人足够聪明，接受了这样的忠告，而有些年轻人则认为，应当先在江湖中闯荡一番，再去确定自己想要做什么。

机会成本是为了得到某种东西而放弃的东西，换言之，就是当你开始做某件事的时候，你也放弃了在同一时间内你能够做的其他事情。

在经济学中，如果一件事的利益大于机会成本，那就是有利可图的，就是可以去做的；但如果利益小于机会成本，那么这件事，从经济学的角度上看，最好就不要去做。

那么对于一个并没有做好职业规划的人而言，他做的许多事情，倘若最后并没有为他的职业发展带来帮助，那么这些事情获得的利益就非常小。或许他可能在做这些事情的过程中得到一些金钱，但那些金钱未必能够比得上他浪费的时间。毕竟对于一个人来说，他的时间是有限的，并且是不可逆的。

单单从经济学的角度看，当一个人选择做任何事情时，他都应当考虑清楚，这件事究竟让他付出了多少机会成本，这件事最后为他带来的利益是否大于那些机会成本。

回到外卖这个事情上，人们选择外卖，是因为在潜意识中，他们认为其他吃饭方式比外卖付出的机会成本要更多一些，而外卖是一种更实惠的选择。我们无法去评价外卖本身究竟是不是一个良好的方式，但我们可以肯定地说，对于在城市奋斗中的许多人而言，外卖的确是他们的一种选择。

而从外卖这个现象出发，我们也可以更多地去思考，思考我们在其他事情上，是否也能够做到让我们付出更少的机会成本，去获取更多的利益。

31 为什么人们会被眼前利益迷惑？

过度自信的心理错觉

目光长远是一种能力

我们先来回想一下自己是否发生过这样的事情：刚刚看完一条诈骗新闻，正在嘲讽当事人的愚蠢，第二天自己就成了下一个诈骗案的受害者；看到别人贪小便宜吃大亏时感到可笑，自己却在不知不觉中陷入贪小便宜的陷阱；总觉得自己一直在占便宜，谁知道月底查账单时傻了眼……

这样的事情似乎经常发生在我们身边，也时常发生在我们自己的身上。当站在旁观者的角度时，我们可以很清楚地说出，怎样是对的，怎样是不对的，哪些看起来是利益的东西实际上都是陷阱，但换到我们自己时，我们却很难如作为旁观者时那样敏锐了。

为什么事后可以很清楚看出是骗局的东西，在当时却没能保持清醒呢？为什么只有当开始吃亏的时候，才后悔当初不该贪图眼前利益呢？

我们还是用例子来说话，袁小姐经同事介绍，加入了一个投资计划。这个计划看起来很简单，只要参与投资，每个月都能够拿到回报，并且最终得到的回报会比投资的金额高出很多。比如投资1000元，那么第一个月就能够拿回120元，连续拿回10个月，到最后就会拿回 1200 元。这个投资计划看起来是稳赚不赔的。袁小姐起初很谨慎，只投了 500 元。正如对方所保证的那样，她第一个月就拿回了 600 元，这样按照计划规定，到了第 10 个月她可以拿回 600 元。这个投资项目比银行的那些理财产品要高出很多。3 个月的回馈，袁小姐内心终于开始动摇，她又投入了 3 万元。

又过了 3 个月，对方仍然十分守信用地给她每个月 20% 的收益。

袁小姐发现这是个赚钱的好方式，于是又投入了 10 万元。

第一个月，收益依旧稳定，但是到了第二个月，对方开始将金钱换作了产品。按照这些产品自身标注的价格，只要袁小姐将它们卖出去，就能够得到比之前还要高的收益。

袁小姐被说动了，她心动了，于是开始向周围的人推销这些产品。虽然有人接受了她的推销，购买了她的产品，但大部分人并不相信她的那些三无产品，她卖出去的仅仅是很少的一部分。就这样，她家中堆积了大量没卖出去的产品。

又过了几个月，项目方表示他们有了更好的投资项目，建议袁小姐将剩余未返还的资金用来参与新的项目投资，当然袁小姐可以选择投资，也可以选择接受先前的产品。袁小姐看着家里堆积如山卖不出的产品，选择了投资。

自然，这个投资是个长线项目，短时间内是看不到收益的，但未来可期。所以对于袁小姐来说，她投入了十几万元，最后收获的只是满屋子的三无产品和一个不知道何日能收回成本的投资项目。

几个月后，当她无论如何也找不到项目联系人时，她才终于意识到，自己被骗了。

她找到当初为她推荐这个项目的同事，同事表示他也不知道对方是骗子，他向她推荐这个项目时也只是提个建议，并没有一定要拉她参与。

袁小姐报了警，但对方的身份和联系方式全都是假的，警方除了将她的报警备案，一时也找不到别的办法。总而言之，袁小姐的十几万元就这么打了水漂。

其实一开始，袁小姐并不是真的很相信这个项目，她只投入了 5000 元作为试水，那个时候她的头脑仍然是清醒的。只不过，当明晃晃的利益摆在眼前，她就开始动摇了，开始渴望获得更多的利益。

而袁小姐这类人并不是少数，应该说，正是因为袁小姐这样的人太多太多，才使得社会上的经济诈骗层出不穷。那些受骗者们有很多是高学历者，甚至也有一些是经商者，明明在自己的领域内无比聪明，却在骗子面前轻易栽了跟头。

因此我们可以说，他们会受骗上当，绝对不能说是因为愚昧，他们只是有着人的普遍的心理特点。在心理学上，有一种现象叫作过度自信，这种现象往往发生在对该领域了解不深的人身上。越是不懂下象棋的人，越是认为象棋简单；越是没画过画的人，越是认为作画只是信手涂鸦。人们对于自己不熟悉的领域，总是容易信心爆棚。

回到袁小姐的故事，她并不了解自己参与的那个投资项目，不知道那个项目究竟是如何运作的，更不知道这个项目究竟是否合法，项目的规则是什么，她只是在得到几次收益之后，就以为自己已经摸清了这个项目的规律，就以为自己找到了好的赚钱路数，殊不知自己已经掉入了骗子的陷阱。

她只要稍稍思考一下，就会发现这个骗局漏洞百出，但她并没有，她只是盲目地相信这个项目会为自己带来利益。

如果稍稍关注一下当下的经济骗局就会发现，许多受害者都是这样盲目自信的状态，他们认为自己掌握了一切，认为自己正在经历的是绝好的赚钱机会，所有反对的人都挡住了他们走向富裕的道路。所以他们会瞒着亲朋好友，一次又一次将自己的钱打入骗子的账号，哪怕银行的工作人员不停规劝和阻止，他们也置若罔闻。

即便不是商业骗局，只是商家的一些促销手段，同样也会让人对自己能够获得利益这件事盲目自信起来。比如有些商家喜欢做满减的活动。如果仔细分析就会明白，满减的前提是要满，首先你要购买到这个金额的商品，然后才能享受降价的服务，于是很多人绞尽脑汁凑齐购买金额，只为了能够到达满减的线，到最后其实买了很多不必要的东西，自己却浑然不知。

许多眼前利益，其实并不是“利益”，而是“诱饵”。无法看清事实真相的人们，就如同贪图一时之快的鱼儿那样，轻易就咬了钩，直到被钓上了岸，都还没意识到自己真正错在哪里。

鱼会咬钩是因为它们没有看到饵后面的鱼钩，人会上当，则是因为看不到诱惑背后的陷阱。因为不了解而导致的过度自信，到头来自然就是导致自己成为别人的鱼肉。过度自信还有一个表现，就是对小概率事件的盲目自信。

袁小姐的上当也有这方面的原因，她十分自信自己就是那个幸运儿。

在她参与投资期间，她几乎对身边所有人三缄其口，不愿意告诉任何人自己正在参与这个项目。实际上，倘若她能够与其他人谈一谈，其他人或许还可以给她一些建议，但她并没有，她将这个项目当作珍宝一样藏起来。

这也是许多经济诈骗受害者的表现，他们认为自己参与了十分赚钱的项目，而这个项目之所以没有得到大面积宣传，是因为他们是少数的被选中的幸运者，其他人没有这份运气，自然就不了解这个事情。

诚然，小概率的幸运事件是有可能发生的，天上掉馅饼的事情也不是完全没有可能，但小概率终究只是小概率，在确定天上掉的究竟是馅饼还是陷阱之前，还是应当先将目光放长远，尽量去看清楚整个事件的来龙去脉。

目光长远是一种能力。虽然大部分人都知道目光应该放长远，但当涉及利益时，可就不那么容易做到了。

就如前面提到过的时间贴现问题，利益所在的时间点距离自己越近，其利益程度就越容易被放大。一个月后能够吃到嘴里的两块巧克力绝对远不如一个小时后就能吃到嘴里的一块巧克力诱人，但这并不是事实，只是时间贴现带来的心理错觉。

当眼前出现了显而易见的利益，要保持目光长远可就非常艰难了。

在袁小姐的案例中，诈骗者抓住了人们容易被眼前利益迷惑的心理，实施了引君入瓮的骗局，而在现实中，许多事情并没有一个心怀目的的诈骗者，可人们仍然还是被眼前利益迷惑着。

比如一些商家会为了快速获取大量的利益，而以失去诚信为代价。他们的确也在短时间内获得了暴利，但同时，也失去了成为一个优良企业，在长远计划中获得更多利益的机会。

如果想避开因为贪图眼前利益而最终吃大亏的陷阱，就要避开过度自信的心理。既然过度自信来自不了解，那么一旦想要吃某个领域的蛋糕，就要对这个领域进行全面的了解，了解得越多，过度自信的程度就会越轻，眼前利益的诱惑力也就会相应降低很多。

此外还应当去克服时间贴现带来的错觉，看清楚真正利益和眼前利益的差别，去做那些能够给自己带来更多利益的选择，只有这样，才能最终实现利益的最大化。

32 为什么会出现鸵鸟心态？

比起得到，人们对损失的反应更大

情绪规避带来的盲目乐观

据说鸵鸟在面对危险的时候，第一时间并不是立刻逃跑或者琢磨对策，而是将头埋进沙子里（最新研究表明，鸵鸟把头埋进沙子并无数据，不过既然已经约定俗成，那就暂且这样用吧），这样它就看不见危险，就可以假装危险没有发生。其实鸵鸟心态跟我们所说的一叶障目和掩耳盗铃很相似。

从旁观者的角度来看，这种行为愚蠢至极，但令人沮丧的是，很多人在遇到问题的时候，采取的方式却与他们一样，只是将头埋进沙子里，或者干脆捂住自己的耳朵。

下面来看现实中的“鸵鸟”：小于每个月最害怕的一天，大概就是收到信用卡账单的那一天了。他平时花钱倒也不算大手大脚，但是他有几个兴趣爱好却是十分烧钱的。首先他喜欢玩网络游戏，当玩到兴起时，就会忍不住花钱购买各种装备；其次他喜欢收集一些模型，无论何时何地，只要看到自己心爱的模型，就会立刻买下来。

他花钱的时候都是刷信用卡。信用卡其实与储存卡并没有太大区别，毕竟花出去的钱到最后都会算在自己的头上，但对于人在花钱时候的心理影响，却有着很大差别。当人们花费储存卡上的钱时，钱财的减少是摆在了明面上的；但是信用卡则不同，当使用信用卡花费时，不论花了多少钱，在当时对自己的钱包都是没有任何影响的，这就会让人产生一种自己并没有任何损失的错觉。

小于也是这样，当他使用信用卡消费时，他几乎不会去考虑自己的工资水平、存款多少，他只知道他想要这件东西，而他的信用卡额度让他可以去购买这些东西。

然而花钱一时爽，到了需要为账单进行还款的时候，他就傻眼了。结果就是把账单放在一边，假装根本没看到，直到临近最终还款日，终于再也绷不住的时候，这才开始想办法到处借钱来归还账单。

为什么在一开始花钱的时候，不能考虑清楚，不能看清楚自己的消费能力，一定要无视掉所有的客观条件，看到信用卡的额度就认为自己富有到可以负担那些消费呢？为什么会看不清现实，一叶障目，直到问题找上门来了，才追悔莫及呢？实际上这些都源自人们的心理错觉。

在投资市场中，也经常出现这种“鸵鸟效应”。许多投资者在面对项目遇到的各种危机时，往往选择无视，盲目夸大项目本身的优势，于是仍然继续投资，导致最后血本无归。

其实，鸵鸟心态本身并非只能给人带来负面影响。而“鸵鸟心态”的出现，恰恰是为了规避这些负面情绪。当一个人面对各种危险还能保持乐观时，他反而就有了应对这些危险的胜算。只是，这种规避方式，虽然在一定程度上，能够帮助人们稳定情绪，但从长久来看，仍然只会带来更加糟糕的结果。

“鸵鸟心态”与其说是毒药，倒不如说是一种麻药。它可以暂时麻痹人的神经，让人感觉不到疼痛，可正如现实中的麻药那样，它虽然可以暂时止痛，但却无法改变伤口本身的存在，它只是一种对人的中枢神经的欺骗，让中枢神经无法意识到身体正在经历的痛苦。

所以，鸵鸟心态虽然能够给人的情绪带来一种缓冲作用，但如果沉浸在这种心态之中，后果必然不会乐观。

在心理学中，有一种前景理论，是说同等程度的损失和得到，人们对损失的痛苦远远大于得到的快乐。在人的心理机制下，人的本能是厌恶损失的。那么，当损失已经发生，或者必然会在未来的某个时间点发生时，人们又会怎么做呢？

自然就是选择情绪规避，也就是下意识地避开了那些会让自己痛苦的损失本身。在经济行为中，许多鸵鸟心态的产生，其根源便是对损失的厌恶。

小于喜欢购买游戏装备，喜欢购买各种模型，但要满足自身的购买欲望，就需要花费与自身收入不相符的金钱。这个时候，如果是使用储蓄卡消费，他就会犹豫，甚至可能会放弃这种消费，但是信用卡带给了他不需要使用自己的钱，至少是现在不用自己的钱的错觉，因此他决定服从欲望，从而完成了消费过程。

当然，在消费过程中，他并没有花当下的钱，而是花了未来的钱，只不过，此时的他并没有为未来考虑，他只是想满足当下的欲望。但是，随着时间的推移，他终究要成为那个未来的自己，账单到来的一天，就是他需要付出代价的那一天。他害怕要从自己的储蓄中拿出那些钱，这种情绪会让他难以承受，为了规避这种情绪，他直接拒绝账单本身的存在，一直到还款日的到来。

那些鸵鸟心态的投资者们也是如此，因为害怕损失本身，因为无法承受损失为自己带来的痛苦，因此下意识无视那些现实存在的问题，在等待中，自己的金钱就悄悄地消失了。

现在人们说起鸵鸟心态时，总是对其深恶痛绝，并且想尽各种办法来应对这种心态，但到最后仍然还是无法避免将自己的头埋进沙子的行为。

其实如果我们真的想要去对抗某些心理弊端，首先要做的并不是去找到各种对付这些问题的武器，更不是直接把这些问题当作敌人，一见面就喊打喊杀。在对抗之前，不妨先去了解，这个心理弊端产生的原因以及它是不是真的看起来那么面目可憎。

鸵鸟心态让许多人损失了金钱，影响了工作，甚至耽误了整个人生，但是它的出现并非是没有原因的。如前面所说，这种心态来自人们的情绪规避，是一种自我调节的方式。

如果从心理学临床上来说，自我调节是人十分重要的能力。就如同伤口会自愈一样，那些发生在心理上的伤害，人们也会想办法去医治它们。在临床上有一种十分有趣的现象，就是当一个人受了重伤，在濒危的时刻，他会感觉不到任何疼痛，仿佛所有有关疼痛的神经都失去了作用。实际上，并不是痛感神经消失了，而是这个时候人体率先选择生存本身，为了能够维持生存，人体自动关闭了痛感神经，这样重伤中的人就可以将全部力气用来逃生。

在心理上也是这样，如果一个人的心灵受到了严重创伤，他的大脑就会刻意规避这些创伤，甚至可能会直接封锁这部分的记忆，用来保证这个人生命的正常运转。

因此，虽然鸵鸟心态会给人们带来各种糟糕的后果，但它作为一种稳定情绪的方式，还是十分有效的。只不过，在情绪获得稳定之后，要快速清醒过来，看清楚事实，调动起更多的理智来解决问题。

对于小于来说，如果他能够在还清信用卡后，仔细审视自身的问题，做好理财规划，那么他陷入的信用卡魔咒就有可能从此终止。面对比逃避更让人痛苦，但是只有面对才能够解决问题。而当了解到鸵鸟心态是用来规避情绪这一事实后，要远离鸵鸟心态，首先就是要提高自己稳定情绪的能力。

对自身情绪控制力越强的人，鸵鸟效应在其身上的作用力就会越弱，因为当一个人的情绪已经无法对自身造成伤害，那么大脑自然也就不需要采取规避的方式去避免伤害了。

我们经常说的是，在行为经济学中，人们的许多表现与传统经济学中应该具有的表现都是不一致的。传统经济学研究的模型是一个永远追求利益最大化的理性人，这个理性人并没有那些会影响其判断的情绪，他做出的任何选择，都是基于利益与成本的比较，但是在行为经济学中，人们的很多行为，却与理性人的选择背道而驰，而这些行为才更接近现实中人们的选择。

之所以会产生这样的差异，正是因为，现实中的人们与理性人不同，现实中的人们是有情绪的。在情绪的冲动下，人们甚至有可能做出买椟还珠这种完全不符合经济规律的行为。

尽管如此，传统经济学中的理性人仍然是最好的理财专家。如果一个人的经济行为可以无限接近经济学中的理性人的行为，那么他在经济这一领域上必然是赢家。

要想与理性人做出同样的判断，在经济行为中能与理性人做出同样的选择，就要避免情绪对自己的影响。

当然，影响人们判断的，不仅仅是情绪，还有各种各样的心理效应，但情绪也是其中之一。所以，要努力提高控制情绪的能力，不仅仅是为了远离鸵鸟心态，同样也是为了避免因情绪带来的各种错误判断。

因此，要避免鸵鸟心态的出现，最有效的方式先从自身的情绪入手。当你能够掌控情绪，当你不再会因负面情绪而受到伤害，鸵鸟心态自然而然就会变得很微弱，甚至消失。

33　为什么有些人吃不起饭也要买奢侈品?

被扭曲的消费观

价值观营销背后的阴谋

随着社交网络平台的发展，一些依附于社交网络上的媒体也渐渐占据了人们生活的主流。与传统的媒体不同，在社交网络上，许多看似独立的自媒体正在大行其道，这些自媒体以自身形象作为宣传手段，以网络平台为媒介，在无形之中，渐渐影响着人们的人生观和价值观。

事实上，在影响大众价值取向这一点上，远在社交网络出现之前，就有其他形式存在着，只不过社交网络扩大了这个作用，令影响力度和影响范围比过去变得更大更广泛了。

从前，戏剧和文学作品是用来影响大众价值观最有效的途径，名流时尚的引导也是一个方面。总而言之，只要是能够被大众广泛感知到的事物，都会成为引导价值观的媒介。那么，究竟是谁，出于什么目的，要去引导甚至改变大众的价值观呢?

这其中的原因其实是复杂多样的，但最主要的就是经济上的原因，简单地说，就是有人希望大众能够将口袋里的钱掏出来。在当今这个时代，最希望大家掏钱的，自然就是各个领域的商家了。

小林刚从大学毕业的时候，还是个朴实懂事的姑娘。她的家境虽然不算太差，但也算不上很好，家里能够支持她的只有学费和基本的生活费，所以她一毕业，就需要立刻找一份能够养活自己的工作。

由于她在学校里学习的是设计方面的知识，因此毕业后找到的是一家时尚风格的广告公司。进了公司之后，她开始接触许多与在学校里不一样的理念，同时，她开始使用各种网络社交工具，因为工作性质需要她收集网络上的各种舆论信息。

她在网络上看到的东西，一部分来自同事们的转发，另一部分则来自自身的寻找。渐渐地，她被一些在社交网络上大行其道的价值观影响。

比如“女孩子一定要趁年轻时多买奢侈品，因为如果女孩子不能对自己好，就没人会对她好了”，又比如“上千元一支的口红根本就不贵，性价比非常高”，以及“最大的投资就是对自身的投资，喜欢什么就应该立刻下手去买，这才是不负青春”……当看得多了，她也就真的开始信了。

虽然刚刚入职并没有多少工资，但仍有一大半都被她拿来购买各种昂贵的护肤品和化妆品，好不容易赚到的奖金也被她用来买了昂贵的鞋和包。

而物欲总是在增长，当小林的经济水平无法负担她的物欲，当她真的从心底认为如果不买到那个限时出售的包就会遗憾终生，她就开始使用信用卡分期付款。结果工作了一年，小林不但没有任何存款，反而增加了许多负债。

但她并没有因此而悔过，她只是开始想办法缩减其他方面的开支，比如她觉得正在居住的房子房租太贵，她选择换成更破更小而且距离单位也更远的房子；比如每天吃肉太奢侈，她选择将饮食换成豆腐青菜……于是她在生活上的开支几乎变成了赤贫的水平，而省下来的钱并没有存下来，也没有拿出去理财，而是购买各种奢侈品。就因为“女孩子一定要对自己好一点”。

在当今时代，像小林这样的女性不在少数。对于她们本身的价值观，外人无权去评价对错，只不过，她们之所以会形成这样的价值观，是因为有着更深层的原因。

这种价值观最直接的源头就是各种舆论，包括媒体舆论和社会舆论。不知从何时起，整个社会都充斥着这样的声音，这种声音试图向所有女性传达一个理念：女孩子一定要买包买口红，否则就是不爱自己；男性一定要给女朋友买包买口红，否则就是不爱女朋友；女性如果有了一个不肯给自己买包买口红的男朋友，那就一定要甩了他。

如果有人自身就秉持着这种价值观，其他人自然也无权妄加评论，但如果一个人原本并没有这样的观念，后来却出现了这样的观念，那么就应该思考一个问题：究竟是谁改变了我的看法？这些人来自哪里？为什么他们要给我植入这样的观念？

其实答案很简单，宣扬这种理念的人，就是各大奢侈品的商家。

聪明的商家不会直接去向客户推销自己的商品，他们会选择更高明的做法：让原本并不需要自己商品的人们产生购买的欲望。

当一个保健品商家需要向客户推销保健品时，最有效的办法是让客户认为自己身体真的很差，非常需要这些保健品的滋补。而奢侈品的商家需要提高业绩时，自然就是让更多的，哪怕并没有足够的经济条件来购买那些产品的人们，变得需要这些产品。

当然，在奢侈品市场中也有品牌的高低之分。真正高端的品牌，他们从未将普通老百姓作为目标客户，所以他们甚至不会去打广告，也很少做任何大众营销，他们面对的只是那些真正经济实力雄厚的人。这类高端奢侈品品牌在营销市场上几乎是很难见到的。

那么不少人拼了命也要去买的奢侈品，当然就是一些较为低端的奢侈品，也就是所谓的平民化的奢侈品。这类奢侈品，本身的产品质量自然无法与真正的高端品牌相比，但也有一些特别之处，而普通人只要勒紧腰带，或者采取分期付款，也会买得起。这类奢侈品的商家，最需要的就是在普通人中营销自己的品牌，让他们愿意付出超过自身经济实力的金钱去购买该品牌下的产品。

这种时候，价值观营销就出现了。价值观营销是一种十分有效的营销，但也是副作用很大的营销方式。一个人的价值观一旦被改变，被扭曲，那么后果将是不堪设想的，但是一些商家为了冲业绩，并不会考虑这些。

该如何让月薪只有几千块钱的白领愿意掏钱买一支几百元的口红呢？只要让她们相信她们就应该去购买这个价位的口红，让她们认为几百元一支的口红是必要花销，而不是在花冤枉钱。

这种营销可以说是十分成功的，现在在年轻人中，几乎没有哪个人会对几百元一支的口红产生疑问了，在她们看来，口红就该是这个价钱，低于这个价钱的口红基本是不能用的。以至于月薪几千元却背着上万元的包，也成了一件稀松平常的事情，毕竟用半年的工资买一个包几乎是每个白领的必修课，并没有任何值得去批判的地方。殊不知，价值观就是这样被舆论控制了，而舆论的源头，就是商家的营销。

在价值观营销里，还有一个经典案例，那就是钻戒。现在几乎对于全世界的人来说，钻戒就是结婚的标配。一个买不起钻戒的男人是不配有妻子的，一场没有钻戒的婚礼是不完整的。一场婚礼，其他都可以是假的，但钻戒必须是真的。

那么这个观念是从何时开始的呢？就是从钻石商要营销钻石时开始的。说起来可能很多人都不愿意相信，他们认为钻石的价值就摆在那里，根本不需要营销，但这只是外行人的推测罢了。事实上，任何商品都需要营销，任何人只要想赚钱，就要采取各种营销手段，钻石商也不例外。

起初，钻石被挖掘出来时，并没有如后来这般受人青睐，这些挖掘到钻石的人为了将钻石变成一条赚钱的渠道，便开始长年累月地在人们的观念里植入一种价值观，那就是钻石很珍贵，一定要拥有，结婚一定要佩戴钻戒，才能证明婚姻的忠贞。

钻石商们经过许多年的不懈努力，最后终于成功完成了这场价值观营销。而直到今天，在人们的价值观内，钻石都是一件非常值钱的东西。当然，钻石本身也拥有其不凡的魅力，但如钻石同样稀有、同样坚固的东西有许许多多，却只有钻石如此深入人心。

这就是价值观营销的强大之处，这种营销最可怕的地方在于，当民众中的大部分人都被这种营销洗脑，那么那些原本不接受这种价值观的人也要被迫接受了。比如，没有人会说出钻石并不值钱这种话来，任何人看到一颗大钻石都会确认这是一大笔财富。

不过，奢侈品营销与钻石营销还有所不同。钻石营销作为一种改变人们价值观的营销方式，已经将钻石与财富画上了等号，而奢侈品营销虽然改变了许多年轻女性的价值观，却并不会使她们通过购买奢侈品而获得财富，只会让她们变得花钱时大手大脚，甚至做出更多有损自身经济利益的事情来。

其实不管是戏剧、影视作品，还是媒体宣传，不论这些营销方式通过哪一种媒介，发出怎样的声音，作为大众中的一员，需要考虑的只有一件事：自己的行为所付出的机会成本是否能够换来更大的利益？

女性喜欢护肤也好，喜欢购买奢侈品也好，甚至喜欢玩游戏也好，这些都只是个人选择，但关键在于，一次购买行动所付出的成本，究竟能换来多大利益。

机会成本不仅包含花费的金钱，还包含为了这次花费所放弃的一切。比如小林，为了买包，需要放弃条件更好的住宿条件，放弃健康的饮食，放弃未来的金钱储备，这一切都是她为了买包而付出的机会成本，而换来的利益，只是为了买包所带来的一时欢愉以及被满足的虚荣心而已。

因此我们说，当遇到价值观营销时，一定要警惕自身不要就这样被营销吸引进去。当然，反过来讲，我们也同样可以在这个营销过程中看到一些商机，通过这些商机来反将一军也未尝不可。

34 为什么我们对DIY产品如此青睐？

对于自己参与制作的东西总是更加偏爱

投入得越多就越容易深陷

在市场上有一种DIY产品，当顾客买到手时，得到的并不是最后的成品，而是距离最后的成品还有一道或者两道工序的半成品。倘若按照人们一贯的思维，比起这种产品，人们必然更容易选择那些已经完全成型的产品，毕竟谁都不想花了钱还要再付出额外的力气，但事实并非如此。这种DIY产品十分受欢迎，人气甚至超过了完全品。

当今一代的年轻人大概都记得，在他们童年的时候，有一种拼装玩具，这种玩具并非是积木那种完全以拼装本身作为卖点的，这种玩具的拼装过程十分复杂，一旦拼装成功，就要好好保存。这种玩具中最有名的就是高达模型，许多人愿意花上几天甚至几个月的时间，去拼装一个高达模型，然后好好放在书架上保存，像对待一件艺术品那样对待这个模型。

乐高产品中也有这种类型。尽管乐高本身销售的就是拼装玩具，但乐高也会推出一些模型类的产品，这种产品的拼装过程也十分复杂，一旦拼好，就不允许再拆开。

既然这种模型的最终目的是观赏或把玩，那么为什么一开始商家并没有直接贩卖成品模型呢？

事实就是如果商家直接贩卖模型，那么其销售量反而会大大降低。对于购买这些产品的顾客而言，他们享受的就是将一堆零件拼装成一个完全品，再用接下来的时光仔细欣赏自己劳动成果的过程。

其实这种心态是有些自欺欺人的，毕竟，倘若不是商家给出了完全可以严丝合缝的零件，如果不是商家提供了极其详尽的拼装说明，顾客是不可能自己做出那些模型来的，但人们还是乐此不疲地购买这些产品，并且将最后的成品完全看作是自己的创造物。

这里面同时包含着两种心态，第一种是沉没成本效应，就是当人们对一个事物投入越多的成本，就越会对这个事物欲罢不能。对一个人而言，他最珍视的，往往就是令他付出最多的东西；第二种则是禀赋效应，在这种效应下，人们总是格外偏好自己拥有的东西。

李莎平时的一大爱好就是自己制作各种饰品，包括手链、头绳、挂件等，为了能够做出各种各样的东西，她会在网上购买大量的原材料，其中不乏一些珍贵的珠子。

她做这些并非出于任何商业目的，她只是想为自己制作独一无二的饰品，至于让她多做一些拿出去卖是绝对不可能的。第一，她有自己的工作，没有那么多的时间和精力做出更多的成品；第二，她无法保证她的设计也会受到其他人的欢迎，何况和网络上那些真正的商品比起来，她的手工还是略显幼稚。

事实上，她做出来的东西有一定的设计感和艺术感，也经常受到来自身边人的赞美，她也经常为了联络感情而将自己做的东西送给其他人，但是否有人愿意为了她做的那些东西而花钱购买，却还是个未知数。简单地说就是，对她来说，DIY 只是一个爱好，这种爱好能够愉悦她自己，却不可能转变成商机。既然不能赚钱，那么她的 DIY，就只是单纯的消费行为了。

尽管她做的东西并不多，可每次都会使用一些很昂贵的材料，即便是忽略手工，仅仅计算原材料的价格，有时候一个手链也会达到上千元。

可有趣的是，她并没有认为自己是花上千元购买了一个手链，她认为自己只是对手链制作的要求更高，至于最后的成品，那完全是她自己的创作，跟金钱已经没有太多关系了。

这是一种很有趣的价值观，就是当她明明在一个事物上投入了许多金钱成本，最后她却忽略了那些金钱成本，而更重视她投入的人力成本。而这就是 DIY 产品的魅力之一。

在商家中有一种营销方式，就是让顾客参与设计制作的营销。说起这种营销，不得不提到有一种游戏，叫作 RPG 游戏，RPG 是 Role-playing game 的缩写，其性质则是玩家在游戏中扮演一个角色，在游戏进行的过程中，玩家可以自己选择接下来这个角色的走向，也就是说，在这种游戏中，角色的选择是以玩家的意志为转移的，最后角色迎来的结局也是玩家自己选择的结局。

这种游戏有着强烈的浸入感，当玩家将游戏从头玩到尾，也会对自己的角色产生十分深厚的感情，仿佛自己真的左右了这个角色的命运。

当然，我们都知道，游戏中所有的路线都是设计者在一开始就设计好的。与其说玩家给角色选择了一个结局，倒不如说是玩家在设计者规定的许多条路线中选择了其中一条，到最后，被左右的并不是游戏角色，而是玩家本身。

尽管玩家们对此也并非丝毫不了解，但还是不可避免地认为自己决定了角色的命运，还是会认为一切都是在自己的掌控之中。

因此我们说，让顾客参与营销，不论多么聪明的顾客，不论顾客对这种营销方式看得多么透彻，最终还是会被吸引，还是会无法控制自己想要参与其中的欲望。

这种让顾客反客为主的营销方式几乎存在于任何领域。商家只要有心，都可以采取这种方式。一些零食商会让顾客给喜欢的包装进行投票，一些快餐店也会让顾客选出明星菜品，这些互动其实都是在让顾客产生参与其中的体验，顾客的参与度越高，他们与产品之间的黏性也就越大。这也是选秀综艺节目会如此风靡的原因，当最后站在领奖台上的人是观众们一次一次投票选出来的人时，这些观众们获得的成就感是观看任何节目都无法比拟的。即便选秀活动结束之后，观众们还会记得他们当时的珍贵体验。

更有甚者，在影视行业中还会出现让观众投票决定接下来情节发展的互动。这时候观众们在观看的已经不是一个单纯被写好的剧本，他们已经完全进入了这个故事当中，故事中主人公的未来发展已经不是编剧决定，而是观众们以自己的喜好来选择。

事实上，故事的最终结局仍然出自编剧之手，只不过由于中间的互动环节，使得观众对这个故事的感受已经全然不同，他们已经离开了看客的位置，坐到了上帝的宝座上。

宜家的销售模式也是这样的。众所周知，宜家家具的特色之一便是买回家后由消费者自行拼装。尽管家具的部件已经是完成品，该打孔的位置也都早已打好，消费者需要做的仅仅是拧一拧螺丝而已，但对消费者来说，仍然会产生该家具是由自己的双手打造完成的错觉。这种错觉会令消费者对宜家的产品产生格外的偏爱。因此这种由于消费者自己参与了制作，因而对产品本身有着过高偏爱，对商品价值本身也有着过高判断的现象，也被称为“宜家效应”。

对商家来说，消费者的这种心理是完全可以作为营销诱饵的。商家只要提高消费者的参与度，就能让消费者对产品更加青睐，更何况，让消费者在一定程度上参与产品制作，对商家来说也节省了一些生产成本，可以说是一石二鸟之举。

但是参与其中的消费者们也并非是完全在被商家支配，因为不论商家出于何种动机，最后消费者还是体会到了自身的价值感和成就感，并且拥有了一个十分愉悦的购买过程。

当然，如果是从理性的经济角度出发，同样的价格，还是直接购买成品更加实际，毕竟消费者投入的精力和时间也是机会成本，付出更多的成本来获得一件商品，从传统经济学的角度来看，确实是损失了自身的利益。但行为经济学最有趣的一点在于，人们有时候更加重视自身的精神体验，这种重视远远超过了对利益本身的向往。

最简单的现象就是，那些在精神享受层面的花费，如果仅仅从成本与利益上去思考，几乎就是在浪费金钱，即便如此，还是有很多人愿意在上面投入成本。因此现在有许多行业，比起产品质量本身，更加重视对消费者的服务。有些产品本身的性价比并不高，但由于商家提供了许多十分体贴的额外服务，消费者仍然愿意买账。

DIY 实际上也是服务的一种。商家提供了“让消费者自己参与制作”这种互动服务，消费者在购买产品的同时，也享受到了这种服务，最后就是商家拥有了更大的销量，而消费者也拥有了不错的精神体验。

我们经常强调的一点是，要尽量用经济的头脑去思考问题，这会使我们的生活过得更加充满智慧和趣味。所谓的经济头脑，自然就是能够随时在成本与利益中进行比较的思考能力。而当一个人的经济实力足够，当他对精神体验有着更多的追求时，那么精神体验本身也就成了利益的一环。

精神体验作为利益，很难去衡量其大小，只能因人而异。每个人对精神体验的判断都有不同，不过在这里仍然有规律可循，那就是经济实力越低的人，精神体验的利益值也越低，反之亦然。

不过，DIY 作为一种性价比很高的精神体验，却几乎是任何人都可以享受到的。在这一点上，不论是商家还是消费者，都能够在这个过程中得到自己想要的东西。因此 DIY 营销不管是作为商业行为，还是作为生活情趣，都是一种不错的良性循环。

35 为什么品牌中总是某一型号产品特别受欢迎?

人们总是会避开极端选项

对一件事物的偏好来自同其他事物的对比

如果仔细观察经济市场就会发现，任何品牌都有其明星产品。通常，该明星产品几乎带动了该品牌的半数甚至更多的销量。这就不由得会令人产生疑问，既然该产品在市场上如此成功，就说明了该品牌具有推出成功产品的实力，那为什么该品牌没有将其他产品也同样推销出去呢?

其实这里首先要弄清一点：究竟该品牌是没有足够的实力去推销其他产品，还是该品牌原本就没想让其他产品出风头?

对于任何一个品牌，我们都能发现一个有趣的现象，就是这个品牌的产品中总会有些十分昂贵的高端产品，同时也有些价格低廉、功能简单的低端产品。从表面上来看，这是该品牌为了满足不同人群的需求，但是从实际销售情况来看，那些所谓的面向高端人群的产品和面向低端人群的产品，最终的销量都不大。也就是说，不论是高端人群还是低端人群，他们都没有兴趣去购买那些看起来是为他们量身打造的产品。

高端人群也好，低端人群也好，他们最终青睐的，还是该品牌下的中间端的产品，也就是该品牌销量最高的那一类产品。

这样看来，所谓的高端与低端，其实并不完全是为特定人群而打造的，他们更多的作用只是为了衬托该品牌主推的产品而已。

那么既然如此，生产商直接将更多成本投入到主推产品上，来创造更多的销量，不就更加划算些吗？但情况并不是这样。如果该品牌几乎没有其他产品，只有这一两种产品，那么消费者很可能就会直接放弃这一品牌，而投入其他品牌的怀抱。

原因很简单，那就是消费者总是需要有个参照物，才能决定最适合自己的那一款产品是什么，如果没有任何参照物，那么他们可能会对这个产品挑三拣四，最终也无法看中。

比如我家楼下的于女士，她平时喜欢去超市购物，大部分消费都是买零食。她说她喜欢购买各种各样的零食，为的是晚上在家里可以一边看电视一边吃东西。对她来讲，看电视和吃东西这两件事情本身都没有多少吸引力，但是当这两件事放在一起，就成了一件非常美好的享受。

她挑选零食的原则很简单，那就是她喜欢吃。她买的零食种类有蛋糕、饼干、油炸食品等，她还会买一些饮料，主要是碳酸饮料，有时候对奶制品也颇为青睐。

她很喜欢尝鲜，所以每一次超市上了新的零食，她都会买回来尝一尝，但很多时候她都会发现某种新的零食并不好吃，这种零食她只会买一次，下次就再也不会买了。到最后，她买得最多的零食，仍然还是每种零食品牌下最经典的那一款。

至于那些千奇百怪的其他口味的零食，对她来说，除了让她感受一下新鲜感，几乎没有任何意义。当然，于女士从来都不会去思考为什么同样的品牌下，有些味道的零食会那么难吃，她只是以自身的味觉作为依据，不断为那些品牌中的明星产品贡献着销量。

但是总会有人发出疑问，为什么某些零食可以那么难吃，为什么那么难吃的零食竟然还会出现在市场上，为什么那些品牌要耗费成本生产出那么难吃的东西？

而当他们提出疑问时也会发出感慨：该品牌还是某一个口味的零食最好吃，下一次去买零食时，还是应该去买那个经典味道的。

他们并没有意识到，当自己在抱怨某一款零食难吃时，同时也间接肯定了该品牌的另一款产品。他们更没有意识到，食品商原本的目的就是希望他们能够去购买另一款产品，食品商就是希望通过某些产品的对比，让自己的明星产品可以得到更多的青睐。

对消费者而言，这是一种不可避免的心理效应，就是当人们需要选择自己更适合哪一种产品时，总是需要去与其他产品进行对比。诚然，这种思维方式并没有错，因为人们如果不去对比，只单单看一件东西，的确很难看出问题所在。

但是对商家来说，消费者的心态确实是可以被引导的。如果要让消费者认可某一产品的某个功能，那么只要推出一个并没有该功能的产品，就可以一目了然了。在这个问题上，消费者认为选择权在自己的手中，但事实并非如此，是商家在引导消费者做选择，最后消费者真正服从的还是商家的引导。在消费者看来，他们是在几个选项中选择一个，而从商家的角度而言，他们原本就只给了消费者一个选择，其他选择只不过是为了让消费者更加坚定地选择那一个选项的诱导而已。

这种看似有选择的无选择，似乎有愚弄的意味，但对消费者来说，商家正是投其所好。哪怕消费者本身了解到了商家的意图，他们仍然会采取这种有选择性的购买，而不是单一选项的购买。对一个消费者来说，就算他每次去超市只购买同一个商品，他也仍然希望去那些商品种类繁多的大超市，而不是选项非常少的小超市。简单地说，消费者喜欢在众多商品中选出自己心爱的那一个商品的过程。

正因如此，商家们会为消费者提供诸多选择，但真正推广的商品往往只有一两款，这种行为与其说是诱导手段，不如说是在迎合消费者本身的心理，令整个购买过程更加舒适，更加令人愉悦。

当人们看到某个品牌的某款产品总是特别受欢迎时，就应当知道并不是这个产品本身有多少过人之处，而是这个产品原本就是该品牌的主推产品，其他选项一方面是用来迎合有着特别喜好的消费者，另一方面，则是为了衬托主推产品的特性。

消费者更喜欢在众多商品中做选择，一方面是消费者有在商品中做比较的需求，另一方面，也是出于消费者的一种避免极端的心理。这种选择完全是出于下意识的，如果没有特别去注意，大部分人都会做这样的选择。这也就意味着，处于极端位置的选项看起来总是不怎么受欢迎。

因此当商家进行营销时，也会有意地将主推产品放在中间位置，并在同期推出一些极端产品。当有这些极端产品存在时，那么主推产品看起来就相对“安全”，消费者在选择这个产品时也会感到比较稳妥。

当我们观察市场时，就会发现，许多成熟的商家在推出某一款产品时，总会同时推出与之相应的高端产品和低端产品。在电器市场上，这种现象尤为明显。任何一个品牌的任何一种电器商品，几乎都有一款绝大部分人都望尘莫及的产品，也都会有一款性能十分差的产品，这些产品自然也不排除会有人去购买，但它们的存在本身，与其说是为了使人购买，倒不如说是作为最高分和最低分的存在让人们把它们去掉。

对任何商家来说，同时推出许多个明星产品是不现实的，即便某个生产商拥有着足够的资本和实力，从销售策略来看，也是主推有限的某个或某几个产品，这样的销售额远远高于将推销力量分散给各个产品上。不论是为了给消费者更多选择，还是为了让消费者避开极端，商家同时推出其他产品都是有必要的，因此除了主推产品外，商家仍然要推出其他产品，而不能将全部力量都用在主推产品上面。

这就是为什么大部分品牌总有其明星产品，不是因为这些产品比其他产品更能接受市场的检验，而是因为这些产品原本就是商家大力推广的。

36 为什么我们会无意识跟风?

跟随群体是人类的本能

无意识地跟风也有可能无意识地落入陷阱

尽管很多人不愿意承认，但事实是作为个体，要想始终保持思维的独立，是十分困难的。

因此，当经济上出现任何变化，不论是良性的波动，还是恶性的动荡，大部分人的第一选择都是跟风。当人们做出这些选择时，甚至并没有搞清楚做出这个选择的原因是什么，只是既然那么多人都这样做了，那么跟随大潮总是没错的。就算最后下场是死，那大家一起死，也总比一个人孤零零地死要好受一些。

其实这种行为是利大于弊的。因为人是一种群体生物，会趋利避害，当大部分人都做出某个选择时，跟随群体的危险性就比单独要低一些。

但是，也正是出于这种跟随群体的本能，使得人们在遇到群体性行动时，往往会放弃独立思考，而是直接去接受群体的选择，在无意中，将自己变成了一个不会思考的人偶。

由此看来，人们之所以会无意识跟风，其实是一种存在于生物本能中的反应。只是，随着文明的发展，独立意识已经越发成为一个人必不可少的能力。在当今社会下，一个人倘若想要聪明地生存，就不应该再完全依靠原始的生存本能。

英英在跟风这个问题上可以说是深受其害。她从事的是后勤工作，往日里接触最多的也是单位的后勤人员，可以说，这些后勤岗位上的伙伴们就是她接触外面世界的窗口了。有段时间，周围人都开始炒起股来，平时的话题也都从婚姻家庭变成了炒股经验。英英跟着听了很多，她觉得对于炒股这件事也了解了七八成。

从其他人的话里，她知道了现在股市正处于最好的阶段，任何人只要进了股市就能大赚一笔，刚好她当时有一点存款，就打算趁机也进到股市捞上一笔。

她先是投了 1 万元，选的股票都是同事们推荐的。果不其然，一周之后她赚了一千多块钱，尝到甜头的她又投了 5 万元，但是后来这只股票并没有赚钱，反而下跌了一些，她与同事们谈起这件事，同事们表示有波动在所难免，反正后面都会升上去。英英稳下了心，继续等待股市回暖。

后来的一段时间，股市似乎进入了一个平稳期。英英持有的股票也始终停留在低于她购入价格的状态，算下来，她已经损失了几千块钱。抛出舍不得，但是持有似乎也看不到希望。英英继续等待，然而等待的时间越久，损失的钱反而越多了。到最后，英英损失了几乎上万元，她认为实在不能一直这么等下去，才卖出了股票。

回想最初，她并没有对股市做任何功课，也没有深入了解市场情况，更没有对自己买入的股票进行系统的了解，她只是跟随其他人的脚步，如一个提线木偶，被别人的言论牵着走。

结果就是自己非但没有在里面得到好处，反而损失了很多。但她又没有理由责怪任何人，因为并没有人要求她一定要进入股市，别人只是在那边讨论着，她就忍不住跟风。更何况身边的那些同事也各有各的损失，最后真的获得收益的只是少数人。

为什么当初英英会如此草率地将钱财投入到一个自己并不了解的领域呢？这个问题她并没有深入思考过，但她只要一天不去思考这个问题，下一次她就仍然可能犯同样的错误。

如英英这般，只是在股市中损失了上万块钱，还不算严重，只能算是花钱买了一次人生教训，更有甚者，是跟随周围的人参加投资，最后血本无归，甚至倾家荡产。

非法集资一直是被政府惩治的，每隔一段时间，就会有非法集资的犯罪分子落网，政府还会在各种媒体上宣传参与非法集资的害处。即便如此，到了下一次有人发起非法集资，仍然还会有人上当跟随，直到钱打了水漂，才追悔莫及。

人们总是会在各种问题上无意识跟风，在时尚品位上，在舆论导向上，甚至在兴趣爱好上。但这些跟风对个人自身的利益并不会产生太大影响，而涉及经济问题上的跟风，问题就严重了。

经济涉及的是每一个人的切身利益，在经济问题上跟风，一旦跟错，后果不堪设想。有一些风潮，领头者本身就是错误的，跟风者自然也就是错上加错，那么到最后，就是全盘皆输。但在更多的风潮中，领头者本身却是有目的的，领头者为了其自身利益而引领了某个风潮，让大部分跟风者都成了受害者。

这种时候，就体现出了个人思考能力的重要性。

前面说过，人们会跟风，这是来自作为社会性生物的生存本能，但当整个人类社会变得十分复杂时，所有无意识的跟风者，最终都可能会落入领头者的陷阱，甚至领头者本人，也会作茧自缚。

那么，既要作为社会性生物，在人类社会中寻找到一条生存之路，同时又要避开那些处处为羔羊们准备的陷阱，又该如何去做呢？最好的办法便是，去有意识地跟风。

正如前面所说，跟风本身往往是利大于弊的，因为跟随群体活动总比形单影只好一些，但是作为跟风群众中的一员，至少要保持一个清醒的头脑，至少要明白自己为什么在跟风。

对英英来说，当股市正处于上涨阶段，这个时候入股市必然是有赚钱机会的，但问题就在于，当进入股市之时，究竟是真的看到了机会，还是仅仅在跟随其他人的脚步。即便是跟随其他人，也要清楚这种跟随到底是对还是错，跟随后获得利益的概率有多少，还有领头人究竟处于怎样的心态在做这件事情，领头人的行动会不会出现变化。倘若能够将这一切都考虑进去，那么即便是跟风，也只是聪明的跟风。

其实跟风这种行为，在行为经济学中，有一个专门描述它的名词，叫作“羊群效应”。

羊群效应说的是当羊群在吃草时，原本是很散乱的，但只要有一只领头羊开始在草地上奔跑，那么其他羊就都会跟着跑起来，而随着羊群越来越大，那些一开始并不愿意跟着跑的羊，最终也会跑起来。这是很典型的无意识跟风现象，这种现象也经常出现在人类社会中。

自然，羊与人类不同，羊的思考能力有限，更多时候，它们只会跟风，但是人是具备思考能力的，并且随着人类的不断进化，人们的独立思考能力只会越来越强。

当懂得独立思考的人越来越多，那么习惯于跟风的人，就很容易成为任人宰割的羔羊，很容易被利用、被欺骗、被剥削。

人们无意识跟风的本能正在被各个领域的“领头人”加以利用。在社会舆论上，当有心人需要制造某一话题时，只要找到几个带头宣扬这种话题的人，那么就会有越来越多的人成为这种舆论的传播者。在这种时候，独立思考仿佛成了一个笑话，人们如同癔症般疯狂宣扬着一个他们原本并不了解的话题。对于那些最初煽动舆论的人来说，这些跟随者就如同木偶一样，是可以随意摆布的。

在时尚领域更是如此，当某一种审美掌握了时尚的风向，那么其他大部分的人，即便其审美与主流风向大相径庭，但还是会去扭曲自身的审美，以迎合所谓的主流审美。

主流审美这个词从字面意义上来讲，是指大部分人推崇的审美。但在现实中并非这样，现实中，所谓的主流审美，其实只是那些在时尚圈掌握话语权的人的审美。在羊群效应中，这些人就是领头羊，他们的审美可能只是小众审美，但由于他们的影响力，那么其他人自然就会跟随，这时候小众审美反而成了主流审美，而大部分人都放弃了自身推崇的审美观，选择跟随原本的小众审美而去。

这看起来是很可笑的，但由于一些社会规则的原因，哪怕有些人不愿意跟风，哪怕有些人可以保持自身的特立独行，也还是会因为种种因素，而不得不屈从。不过从总体看来，这些人仍然比那些无意识跟风者聪明许多，这些人尽管跟风，却是出于为了适应行业规则等原因，并非真的从心底去接受那些审美。

在经济上也是如此。当遇到一种经济风潮时，我们可能会出于想要获取利益，或者是为了跟上大家的消费节奏而去跟风，但这种跟风究竟是否会给自己带来好处，仍然需要个体的独立思考。

带着思考去跟风，或者带着思考不去跟风，那么不论最后结果如何，至少都是自己的选择，而不是糊里糊涂地落入陷阱，最后成为别人利用的工具。

37 为什么得不到的总是最好的?

人们习惯于有始有终

探索欲是人类进化的动力

在人类社会中有一种现象，就是人们总是容易对得不到的东西念念不忘。一件商品，倘若在当地并没有任何购买渠道，那么很多人就会千方百计地去其他地方购买，那些在本地能够轻易购买到的商品反而得不到这种待遇。

是不是越难购买到的东西，或者说，越难得到的东西，对一个人来说，就是最好的东西呢？从行为经济学的研究成果来看，人们最喜欢的东西，往往是他们无法拥有的东西。这就是禀赋效应在起作用。

如果要评价同样价值的两样东西，那么人们会在下意识中提高自己拥有的那件东西的价值。同样品牌和型号的两块手表，摆在橱柜里的那个绝对比自己手腕上戴着的那个好。

前面讲运人们更容易对自己拥有的东西产生偏爱，为什么人们又要千方百计地去获得那些自己不容易获得的东西，又为什么要对自己无法获得的东西百般惦念呢？这其实是出于人们对未知世界探索的本能。

就好像在学生时代，最让人耿耿于怀的，永远不是自己能够轻易掌握的那些知识点，而是那些自己不论怎么也学不好的部分。对那些自己未曾掌握过的知识，人们充满了好奇心，总想一探究竟。只要有可能，人们往往会想办法战胜重重困难，去掌控那些未知的东西。如果一直没有办法去掌握，那么人们就会始终在心中惦念。这也就是所谓的“得不到的总是最好的”，其实并不是得不到的东西最好，而是得不到的东西最容易让人难以忘怀。

李小姐是某个品牌饰品的忠实爱好者，她身上穿戴的所有饰品，几乎都是出自这一品牌。这个品牌有着许多如李小姐这样的忠诚粉丝，其中不乏狂热者，这些狂热者会收集这个品牌的所有饰品，任何一个型号，任何一款产品都不会放过。但李小姐并不是其中之一，她并没有到狂热的程度。

某年春节，该饰品推出了一套限量版。该限量版为一套三件，配色是红白相间，看起来很是文雅素净。李小姐十分喜欢这套限量版，看到设计图时就打算入手一套。然而，在该套限量版开始上市的那几天，李小姐刚好遇到一些工作上的问题，她必须全力以赴，结果没时间去店里。当时她并没有多想，觉得晚去几天也能买到，等她工作上的问题解决了，她就可以带着轻松欢快的心情去店里购买那套饰品了。

然而，当她真的完成工作，来到那家饰品专卖店时，却被告知那套饰品已经全部卖光了。不仅是这一家店，整个城市内，所有门店的这套限量版都已经卖光。如果想要买，就得坐车去其他城市碰碰运气，但其他城市是否有货也是未知的。

李小姐很是沮丧，她没有想到只是晚了几天，这套限量版竟然就销售一空。她开始认真考虑是否要坐车去外地购买，如果要去外地，就要付出很多精力和时间，结果还未必如她所愿。仅仅是为了一套限量版的饰品，这样疯狂似乎并不值得。她犹豫再三，最终也没能鼓起勇气疯狂一把，一直到她在该饰品的官方网站上看到全国售罄的通知。她知道自己从此与该饰品无缘了。

起初她并没有想太多，只是觉得很遗憾，她真的很喜欢那套饰品的设计，这样的结果实在令她很难过。但渐渐地，这种简单的难过心态，开始变成了一种执念。

她仍然会陆续购买该品牌的饰品，看到喜欢的设计仍然会去购买，但不管怎么看，她都觉得该品牌出的任何一款饰品都不如那套春节限量版好看。每一次只要看到那套限量版的设计图，她都会感叹那真是绝妙的设计。

这种心情，非但没有因时间而被冲淡，反而变得越发令她纠结，简直成了她的一块心病。直到后来，她在工作中遇到了一位同样对该品牌十分青睐的女孩儿。出于同样的爱好，她们很快就聊到了一起。李小姐不避免地谈起了她对那套限量版的遗憾心情。这位女孩儿立刻睁大了眼睛，说："我有啊，我当时因为喜欢，买了好几套，连拆封都没拆，你喜欢的话我可以原价让给你。"

李小姐如获至宝，立刻求对方让给她一套，加价也可以。对方表示不会加价，原价让给她就行，因为能在这个城市中通过工作遇到同好已经是很难得的事情。对方十分热情，第二天就将一套包装完好的饰品给她拿了过来，而李小姐也很开心地付了钱。

李小姐觉得这是上天对她执念的回应，她十分珍惜这样一个失而复得的机会。她小心翼翼地拆开包装，将饰品戴在手上，她觉得这套饰品实在是美极了。

可这种心情只持续了几天。几天后她发觉，这套饰品也并没有她预料中的那么完美。首先，这个配色其实并不是她最喜欢的。她最喜欢的还是月初买的那副耳环，是蓝红配色的，比红白配色要可爱许多；其次，这个款式也不是她的最爱，她最爱的款式是几个月前买的那套。

结果就是，原来这套限量版饰品并不是真的那么讨她喜欢，也并没有如她所想的那样，完全满足了她的所有审美。

李小姐的心态其实十分正常，这是大部分人都会有的心态。他们对某个事物，或者是某个人非常执念，但他们并没有意识到，这种执念并非完全来自喜欢，有很大一部分其实是来自于未知和难以掌控。

探索未知世界是人类的天性，更是人类文明得以进化的动力。应该说，所有理论学科的最终目的都是探索未知；所有实践学科的最终目的都是去掌控那些未知。遇到无法了解和掌控的东西，人们会千方百计去了解，这就是人类的本能。

很多人会将这种本能与喜爱的心情混淆，于是就出现了上面的现象，一旦长久以来执念的东西得到手，很快就变得不那么喜欢了。

除了好奇心与探索心，对得不到的东西的执念还出自一个有始有终的心理。

在李小姐的故事中，倘若从一开始，李小姐就未曾出现过想要购买那套限量版的想法，那么后来也就不会形成那么深的执念。尽管人们总是对得不到的东西无比执着，但并不会对所有得不到的东西都产生这种执着。一切总要有一个开始，一个最初的欲望，而一切的执念，都是来自这个最初的欲望。

如李小姐般，先是有了一个想要的东西，这个东西未必真的完全贴合她的一切喜好，可能只是某一点十分吸引她，于是她有了一个最初的欲望。当欲望产生，人们就会尽一切努力满足这个欲望，如果这个欲望十分容易就得到满足，那么人们就不会再有太多执着，这件事情也不会给人留下特别深刻的印象，可如果这个欲望迟迟得不到满足，就会随着时间的推移而被加深或放大。这就如同一个总是无法画到头的圆，只要它一天不被画完，人就一天得不到满足。因为人们总是习惯于有始有终。从出现欲望到满足欲望，这件事情才算画了一个完全的圆。

对于李小姐来说，到最后，这个饰品品牌已经推出了更多更符合她审美的产品，可她仍然对最初的欲望念念不忘，正是因为那件事始终没能获得一个结果。直到有人转让给了她那套饰品，她最初的那份欲望终于获得了满足，这件事也就有了终点。

而不论是有始有终的心理，还是好奇心和对未知世界的掌控欲，这种心理都与最原始的喜欢关系不大。这也是为什么人们往往会在得到之后就变得不那么喜欢了。只有在真正得到之后，人们才能放下其他心理因素的影响，真正从自己的喜好出发去评定什么东西才是自己的最爱。

商家往往会利用人们的这种心理，采取饥饿营销的战略。在这种战略中，商家会先采取各种方式让人们对他们推出的产品产生兴趣，却迟迟不推出这种产品，或者只推出很少的数量。在这个过程中，人们对该产品的兴趣会被提高和放大，而商家就可以利用这种心理抬高商品的价格，最终以高价出售给消费者。

作为消费者一方，也应当适当冷静下来，仔细思索产品的性价比，以及自己对产品的执念是否出自有始有终的心态或者探索未知的心态。只有在购买之前能够冷静对待，购买之后才不会因为发现自己并没那么喜欢而产生心理落差和后悔情绪。

38 为什么人们会熬夜排队购买苹果手机？

经济博弈中的旅行者困境

大家都想赢的结果是大家都成了输家

人们为了购买新款手机在苹果店外排起了长龙。这是一个十分有趣的现象。

这里的有趣并不是指人们对苹果手机的热情，尤其随着智能手机行业的发展，人们对苹果手机实际上已经没有那么大的热情了，但是当初人们熬夜排队购买手机这个事情本身，仍然值得去探究。

不仅是购买苹果手机，对于任何畅销的商品，往往会出现人们提前很久去排队的现象，最有趣的是，不论你提前多久排队，总是排不到前面。

比如火车票，不论卖票方规定提前 30 天还是 60 天购票，人们总会在放票后的几分钟就抢购一空，接下来的几十天里，售票处都会出现无票可卖的尴尬现象。这就导致了一旦人们想要买票，就一定要赶在开始卖票时就去购买，否则就可能会买不到。当然，火车票会出现这种状况的一大问题是“黄牛党”，而对于中国的铁路系统来说，仍然存在供不应求的问题，但是苹果手机并不存在这一问题。任何时候购买苹果手机，店内都是有货的，可人们还是想要成为最早买到苹果手机的那一批。

苹果手机店9点开门，要想成为最早买到新款苹果手机的那一批用户，就要提前去苹果手机店门口等候。那么对于众多想要最先购买的人来说，就陷入了一场博弈。这个博弈叫作：提前多久去排队？

在每个人都具备思考能力的前提下，这个排队时间会被无限提前。最终结果就是一群人早早来到了苹果店门口，大家排一整夜的队，共同熬夜，一起等待，直到第二天早上9点苹果店开门。

大家都知道这个行为很愚蠢，都知道最多在苹果店开门前一个小时来排队就可以了，但毕竟没有人达成共识，只要想到会有其他人更早排队，那么真的等到8点才去排队的人反而就成了输家。

苹果公司本身的营销策略是另一个范畴的问题，这里需要探讨的是，这种让大家都深受其害却又无法对抗的困境，就是旅行者困境了。这一概念是1994年由印度经济学家考希克巴苏提出的，具体的表述是这样的：

在航空公司有两个互相不认识的乘客，他们同时丢失了自己的旅行包，而刚巧的是，两个旅行包一模一样，里面还装着价值相同的古董。这两个乘客同时向航空公司提出索赔，他们要求对方索赔的金额相同，都是100美元。

对于航空公司来说，尽管将旅行包弄丢是他们的责任，但他们也不想因为自身的过失而被对方勒索，他们希望知道古董的真实价值，按照真实价值给这两位乘客进行赔偿。

如果这两位乘客互相认识，或者为了实现双方利益的最大化，那么必然就应当联合在一起，共同提出一个相同的金额，让航空公司进行理赔。航空公司不希望出现这种状况，因此他们从一开始就将这两位乘客分开，让他们各自写出古董的价值。

航空公司分别告诉两位乘客，如果两个人写下的价格一致，那么航空公司就相信那件古董的真实价值，就会给他们以该金额进行赔偿；但是如果两个人写下的价格不一致，那么航空公司就会认为，金额较小的那一方是该古董的真实价值，就会以较小的金额进行赔偿。此外，倘若最后结果是两个人写的价格不一致，那么在航空公司给两个人以较小的金额进行赔偿的同时，还会给写下较小金额的那个人两美元的额外奖励，同时，写下较大金额的那个人，将会因为其虚报金额，而惩罚他少获得两美元。

在这种安排下，两位乘客就进入了一场博弈。对于其中一位乘客来说，首先他希望自己能获得较大金额的赔偿，但是他并不知道另一个乘客会写下多少，而不论自己写下多少，对方都有可能比自己写的小，只要对方比自己写的小，航空公司就只能给自己赔偿对方写下的数额，同时还会惩罚自己两美元，给对方增加两美元。

在这种前提下，不论自己写下多么大的数额，最终都是无效的，而自己写的金额越大，自己反而越有可能是输家。那么最后，两个乘客的想法都会是，尽可能把数额写得更小一些。而两个乘客都意识到，不论自己写得多小，对方都有可能比自己更小。结果就是，两个人最后最有可能出现的结果，就是他们都只写下最小金额：两美元。

当然，这只是在两个人都充分考虑过后，进行的最极端的博弈结果。

就如同为了购买苹果手机而排队的人一样。最初，人们也并不是选择熬夜排队，只是经过几次不论多早去排队都有人在前面的经历，人们开始无限将排队时间提前，几次之后，便成了人们在前一天夜里就开始排队了。

尽管现实中的人并不会进行一个绝对理性的博弈思考，但他们会在一次又一次的经历中完成整个博弈的过程。最终的博弈结果就是，想要最先买到苹果手机，就得提前一天去排队，熬一整夜，等到第二天早上 9 点苹果店开门。

当然，苹果手机的例子，在今天来说，很多人已经无法理解。只是作为经济时代发展的一个有趣的现象，被保留了下来。而这种现象也可以解释很多人在经济行为中的选择，一个最明显的现象，就是经济泡沫的实现。

为什么会出现经济泡沫？为什么明明所有人都知道价格已经虚高，可还是谁都不肯降下来？

就是因为，谁先降下来，谁就吃亏。大家都只是在等待其他人降下来，可没人肯最先成为损失的一方，为了能够获得利益，商家往往会想尽办法抬高价格，最终让整体经济陷入一个不可收拾的状况。

在旅行者困境中，两个人为了不让自己成为受损失的那一方，反而将两个人能够获得的利益降到了最低。

举一个简单的例子，假如在一个城市里，只有两家雪糕店，本来两家店的雪糕都是卖一元钱，但是到了天气最炎热的时候，雪糕开始供不应求，于是双方都开始抬高雪糕的价格，由于供不应求，不存在哪边价格更低哪边就卖得更多的情况，因此为了能获得更多的利益，两边都想要定出较高的价格。

就这样，雪糕的价格被人为无限抬高，抬高到超出市场的可控范围。雪糕店发现自己的收入比过去高了很多，他们开始投入更多成本，制作更多的雪糕。由于惯性，价格仍然处在高位，当然，因为天气炎热，此时雪糕店仍然是赚钱的。同时，发现了雪糕这一行业的商机，很多人也都开始加盟雪糕生意。

然而，当天气开始转凉，这些雪糕店老板忽然发现，他们的雪糕变得不那么好卖了。为了扩大生产，加盟项目，他们已经欠下银行不少钱，原本的计划是按照之前的销售量可以按期归还银行贷款。但雪糕销售量下降，他们没办法完成之前的销售量，因此他们更加不可能降价，对他们来说，无论降价还是不降价，都不可能按期还上贷款。

到此，经济泡沫破裂，破产的破产，跳楼的跳楼。

当然，现实中不可能仅仅因为雪糕的问题就出现经济泡沫。经济泡沫的出现往往来自那些更加高端的产业，比如房地产、互联网、股市，等等。而在现实中，一个成熟的市场也不会允许商家进入利益博弈阶段，早在出现利益博弈之前，管控机构就会介入，比如价格法就是一种管控方式。

只是，许多时候即便有管控机构介入，仍然无法阻止人们对利益的追逐，所以泡沫经济还是会出现，人们还是会在走钢丝中等待审判的到来。

当市场出现泡沫时，作为个人是无力扭转的，不过，在泡沫中做到明哲保身还是可以实现的。比如当一个行业价格虚高时，作为个人就应当意识到这是行业内进入了利益博弈，普通民众不应当看到价格的抬高就盲目投身其中。在股市中，当看到一些股票开始迅速飙高，股民也应当看清楚该股票价格背后的泡沫，而不是盲目相信股票本身的价值。

旅行者困境也好，熬夜排队买手机也好，会出现这种情况的根源是大家都想赢。因为想赢，所以当出现会输给他人的可能时，因为执着于赢过对方而做出更进一步的选择，所有人都想要赢，其结果就是，大家都是输家。

作为个人无法去影响泡沫经济的出现，只能独善其身。但作为个人，未必碰不到类似旅行者困境的局面，当遇到这种局面时，该如何脱离困境，就成了一个课题。其实要解决这个困境很简单，那就是放下对赢的执着。

尽管在经济学上，利益最大化是永恒的课题，但在具体问题上，真正能达到利益最大化的选择，也可能并不是为了最大化才做出的那项选择。

39 为什么投入得越多越无法割舍？

沉没成本带来的赌徒心态

当断不断反受其乱

在投资领域经常会出现的一个现象，就是当投资者在一个项目里被套牢，该投资者非但不会及时抽身，反而会继续投入，等待反败为胜的那一天。

不仅是投资者，一些创业者也会面临这样的困境。当创业者发现自己正在进行的项目非但没有带来收益，反而不断亏损时，并不会及时改变策略，而是继续投入，直到最后无法挽回，公司破产。

为什么会出现这样的状况？为什么会一步一步走向最终惨败的结局，而不是在开始下滑时就及时停住脚步，立刻选择另一条路？这就涉及我们提过的沉没成本问题。

我们已经知道，当投入的成本无法换来任何利益时，这部分成本就被称作沉没成本。从经济学的角度来看，这部分成本是应当被放弃的。但在现实中，许多人往往无法放弃这部分成本，即便是深谙经济学原理的人，只要未到穷途末路之时，他们就不愿意放弃沉没成本，而是选择等待，等待这一部分成本能够换得利益的那一天。

这里涉及的问题是，这种等待究竟是理智的，还是盲目的。

倘若是理智的等待，那么应当是经过了有效的分析，相信这部分成本的确还有换来利益的可能，这种等待就是有价值的；但倘若是盲目的等待，那么就完全陷入了赌徒困境。

现在的年轻人，很多都喜欢玩手机游戏，娜娜就是其中之一。手机游戏的品种有许多，娜娜最喜欢玩的是联网的对战游戏。

另外，在手机游戏中有一种抽卡机制，这是许多游戏都拥有的特色，或者说，一旦一个手机游戏因为抽卡机制而获得了利益，那么其他手机游戏便会纷纷效仿，哪怕是原本并没有这种抽卡机制的游戏，也会想尽办法将这一机制加入进去。

这种机制之所以会给游戏开发商带来巨大的利益，就因为其利用了玩家的沉没成本心态。

首先，在卡池内会存在许许多多的卡面，而其中总有一些十分受玩家喜爱和欢迎的卡面，但这种卡面往往也是最难获得的，玩家想要获得这种卡面，就要不断地抽卡，当游戏赠送的抽卡机会用光，玩家就会开始花钱购买更多的抽卡机会。游戏公司便会从中获益。

前面的内容曾经说过，人们习惯了有始有终，当产生了一个欲望，就会千方百计将这个欲望达成。如果无法达成，人们就会继续去努力。而在抽卡游戏当中，人们的欲望并不是无法达成的，但也不会轻易达成，与现实中那些得不到就只能留下遗憾的东西不同，抽卡游戏中得不到的卡面如果一次抽卡得不到，只要继续抽卡，就有可能得到。

娜娜喜欢玩的就是这样的游戏。在这款游戏中，有一个娜娜十分喜爱的卡面，她很想得到这个卡面，但问题是，几次抽卡，她都没能得到。游戏赠送的抽卡机会是有限的，只有增加抽卡机会，她才能拥有更大的得到这个卡面的概率。

于是她开始投入金钱，开始购买更多的抽卡机会。起初她只花了几百块钱，没想到这几百块钱让她抽到很多稀有的卡面，但其中并没有她想要的那张。她着急了，继续投入更多的钱，结果仍然没有抽到。

这时候，娜娜几乎已经失去了理智，她几百元几百元地继续投入，她相信只要继续投入，就总能获得她想要的那一张卡面。到最后，她几乎记不清自己究竟投入了多少钱，终于，她拿到了想要的那张卡，等回过头再去看账单，发现她已经花出去几万元。近三个月的工资，顷刻间就被她花得一干二净。

娜娜从来都不接触任何与赌博相关的东西，在她看来，赌徒都是不清醒的，是她最瞧不起的人，但在不知不觉中，她做了和赌徒一样的事情。她为了得到一件自己想要的东西，不断地去押上更多的赌注，尽管最后得到了她想要的，获得的利益却远远小于投入的成本。

在娜娜抽卡的过程中，其实经历了一系列的心态变化。起初，她只是希望可以免费抽到卡，所以带着希冀抽了几张。没有抽到想要的卡面之后，她又投入了几百元钱，希望可以抽到，但是仍然没有抽到。这时候，她的心态已经不仅仅是想要得到这张卡，而变成：既然我已经投入了几百元钱，那么如果我不继续抽卡，如果我抽不到这张卡，那我就前功尽弃了。

为了不亏掉那几百元钱，娜娜继续抽卡，结果就又投入了几千块钱。这时候，她的心态更是向投入的成本倾斜，甚至对卡本身已经没有多大欲望了，她更在乎的是，不能让之前投入的钱打了水漂。结果当然是这些钱财并没有打水漂，她终于得到了那张卡，但是此时这张卡的性价比已经非常低了。最后，失去几万元的沮丧心情也无法被得到卡的喜悦替代。

人们投资或者创业时也是这样，投入的成本越多，就越希望能获得回报，但最后哪怕真的获得了回报，与不断投入累积起来的成本也根本没办法比，最终还是损失大于得到。

其实现在人们对沉没成本已经有了足够的概念，由于各种书籍、新媒体的宣传，人们已经意识到，有些无法获得回报的沉没成本应当直接丢弃，大多明智一些的人也能够做到及时止损。但仍然有一些隐形的沉没成本是很难被人注意到的，即便是掌握了足够经济学理论的人，仍然有可能深受其害。其中最常遇到的就是时间成本。

一个人可能在一件事上没有付出任何金钱，也没付出多少精力，他付出的只有时间。可时间也同样是一个人最重要的成本，甚至可以说其重要性已经超过了金钱，毕竟，金钱没了仍然有可能赚回来，但付出的时间是不可能找回的，而对任何一个人来说，他能够消耗的时间都是有限的。

可仍然有人会在一些无谓的事情上浪费时间成本。比如一个人点了一份外卖，这天这个店家或许生意十分火爆，过了半个小时，店家还没有做好这份外卖，这时候这个人是应该放弃这家店，还是应该继续等待？

很多人的选择都是继续等待，因为换其他店可能也要等，而为了这家店，他已经等了半个小时，如果换了店，那么这半个小时就白等了，他又要从头等起。道理是这样没错，但是继续等待半个小时，店家仍然没有送出。

倘若在半个小时之前他就果断换其他店家，那么这时候他可能已经吃上一顿丰盛的午餐了。在这个过程里，这个人并没有浪费金钱，也不需要付出什么精力，他唯一付出的，只是等待而已。

这样样的等待会带给他损失：首先，他因为多等了些时候，延长了他的饥饿时间，同时也会影响他的心情；其次，一旦他养成了无法割舍原本的等待时间的习惯，那么他在遇到与金钱相关的问题，或者其他对人生有着重大影响的问题时，他也就会习惯于在原本的投入成本上继续投入。

我们说当断不断必受其乱，这并不是指具体某一件事，而是指任何时候。保留成本继续投入的行为越多，那么这个人在重大事情上选择保留成本的概率就会更大。因此我们应当习惯于用另一种方式去思考，应当习惯于去思考正在投入的沉没成本是否应当舍弃。

有些沉没成本并不是几百几千元钱，也有可能是几十万块钱或者是大半的资产。丢掉零星的沉没成本，对大部分人来说都不难，但是一旦投入了人生的大部分资产，是否还应当舍弃呢？

娜娜如果在投入几万元时，仍然没有抽到她想要的那张卡，那她还应当继续投入吗？

无论是抽卡也好，投资也好，在考虑是否继续投入这一问题时，首先要面对的状况是，他们无法确定接下来是否能够得到回报。娜娜面对的是一个概率的问题，也就是说当她已经投入几万元抽卡，这时候她能够获得自己想要的那张卡的概率已经很大，如果单纯按照概率来算，她应当继续投入。

但是游戏抽卡的后台究竟是怎样的机制，只有游戏设计者才知道；娜娜的抽卡概率是否增加，也只有设计者才知道，如果是在一个成熟的游戏平台上，这时候娜娜的抽卡概率应当是逐步增大的；但如果是在一个管理机制尚不完善的游戏平台上，继续抽卡很可能只是落入了赌博陷阱。

至于投资者，一个项目是已经没有任何前途，还是尚存一丝希望，这与其前期投入多少并没有关系。不论投入多少，项目没有了希望就是没有希望，就算已经投入了大半家当，也不值得再继续将剩下的家当也投进去。

更不用说那些投入了将近半生的事业，一个人花了那么多时间，投入大部分金钱和精力的事业，当其变得没有前途，是应当舍弃还是继续？经过仔细思考我们就知道，舍弃过去重新开始才是正途，但要做出这样的选择，确实需要极大的勇气。

很多时候，理论很容易讲清楚，也很容易掌握，具体实践起来却并不容易，到最后，所有的理论，只是为了帮助人们战胜自己。

40 为什么疯狂消费是经济危机的前兆?

当消费观开始扭曲，市场就危险了

经济危机前期的虚假繁荣

在人类文明历史上已经发生过几次经济危机。在经济危机时期内，许多人因为破产、负债、饥饿等原因而彻底陷入绝望。出于对过往经验的警惕，当一个社会出现任何经济方面的波动时，都会有人发出经济危机的警告，希望人们不要步历史的后尘。那么，究竟怎样判断一个社会的经济体系是否有可能发生经济危机呢？其实只要分析过去的经济危机发生之前的社会状况，就能够窥探到一点端倪。

每一次经济危机的出现，都是紧随经济繁荣之后。这种繁荣体现在多个方面，比如市场的流通情况，对各种高消费的追求等。而这种繁荣通常不会持续太久，很快就会急转直下，继而发生经济危机。也就是说，这种所谓的繁荣，不过是虚假繁荣罢了。

要判断一个社会的经济体系是真正的繁荣，还是虚假的繁荣，首先要去了解一个正常的经济体系是什么样子。在正常的经济体系下，多数人在消费上的选择都会更接近理性人的选择。

通过行为经济学我们知道，人们在日常的经济行为之中，往往因为各种心理效应，而使得最后并没有按照经济学理论所推测的那样做出绝对理性的选择，甚至有时候还会作出相反的决定。然而，在一个健康的经济市场中，大多数人在大多数时候都能在理智的驱使下进行选择，而不会让自己过于受制情绪的控制。如果一个经济市场上大部分人都失去了理性控制，那么这个市场就出现了危险信号。

在消费理念上，一个健康的经济市场，人们总是会根据自身状况来选择消费，即便是提前消费，也会根据自身经济状况选择信用卡的额度。在经济学模型中，一个月薪 3000 元的人，基本上是不可能去购买一个 3 万元的背包的。

所以，当许多月薪 3000 元的人都采取提前消费的方式购买 3 万的背包，社会也开始变得危险了。

众所周知，人的欲望是没有上限的，无论任何时候，人的欲望都无法得到完全满足。但是，一个人的欲望也是与自身状况息息相关的。一个穷困的农民，很难生出要去购买一辆高级跑车的欲望，这种欲望既不现实，也没有实现用途，因此他更容易去渴望那些自己只要稍稍努力就能够得到的东西。

可如果这时候出现两个声音：一个声音告诉他每个人都应当拥有一辆高级跑车，否则人生就失去了意义；另一个声音告诉他，现在就可以拥有买下一辆高级跑车的钱，只要签下一个长期借贷合同。当这两种声音不断对他的思想进行轰炸，他就可能真的通过借贷，去购买这辆高级跑车。

而在一个社会中，当一个穷困的农民也能够购买一辆高级跑车，从表面上看来，这个社会是空前繁荣的。但我们只要仔细分析，就会发现这个农民其实根本买不起高级跑车，他可能要通过几代人的努力，才能够还清贷款，那么这种繁荣就是虚假的繁荣。

自然，任何一个借贷机构也不可能借给一个穷困的农民购买高级跑车的钱，但是，借贷机构们完全可以借钱给一个月薪3000元的人用来购买3万元的背包。

上面的例子只是说明，当一个社会中，人们生出了远超其经济实力的欲望，那这个社会的经济体系就出现了问题。

既然提到不实际欲望的问题，那么就需要探讨一个前提：为什么人们会生出不实际的欲望，为什么人们会出现不健康的消费观，会在消费的方向上本末倒置？

其中一个重要原因，就是商家的洗脑式广告。

在一个健康的经济体系下，商家其实不应当涉足那些不属于其目标客户的群体。比如奢侈品商面对的应当是具有雄厚经济实力的人；银行应当面对具有还贷实力的商户；高端产品对准的是高端客户，低端产品对准的是低端客户。

但是，当市场变得混乱，当大家都开始抢占市场，当商家无法在市场中获得正当利益，那么此时商家就会使用各种手段，去扩大客户群体。比如，有些商家就会向低端客户推荐自己的高端产品，银行会去给那些赚钱实力并不强的客户贷款，奢侈品商也开始推出各种让普通老百姓购买的宣传。

在各种广告的宣传下，各种价值观的输出下，各种媒体带起的节奏下，人们的消费观终于动摇，甚至扭曲起来。人们开始认为自己十分需要那些自己原本并没有能力购买的东西。想要买到这些东西，同时自己又不具备这样的经济实力，那么就只有两种途径：一种途径是压缩自身的其他消费，将大部分消费份额都分配给那些高端产品；另外一种途径就是采取借款。

所以就出现了经济危机发生之前的另一个征兆，就是各种放贷机构增多，金融业陷入一片混乱。

这就陷入了一场有些滑稽的循环。商家向大众输出扭曲的价值观，大众开始提前消费，大肆挥霍，从而带动了市场，市场被带动之后，商家便继续抬高价格，来吸引更多的资金。

当进入这个循环之后，所有人都无法独善其身了，即便是最初设置陷阱的人最终也深陷其中。

当商家开始抬高价格，整个市场的价值体系也都会有所提高，加上银行拼命放款，使得通货膨胀更加迅速。于是，明明真正的社会生产力并没有提高，钱的金额却越来越大，因此，货币也就越来越贬值。

这种循环并不会长久维护下去，因为这并不是一个良性循环，而是恶性循环，循环的次数越多，恶化的程度越大。经济体系开始越发混乱，但这种混乱偏偏令整个市场看起来更加繁荣了。

总有绷不住的那一刻，总有某个链条再也连不上的时候，当那一天到来，商户再也收不上钱来，贷款的民众再也还不出钱了，一些中小公司宣告破产，许多人一夜之间失去收入来源。

经济危机，简单地说，就是没钱了。一个人花光了所有的钱，还欠下不少借款，这是他个人的经济危机；一个家庭没有了收入，失去了支撑家庭成员继续生活的经济保障，这是家庭的经济危机；而一个社会的经济危机，则是这个社会上许多个人、群体、机构，甚至政府，都没钱了。

为什么会没钱呢？原因有很多，比如自然条件导致生产力大幅度降低，社会创造不出价值，自然就会缺钱；错误的经济决策，也有可能导致没钱，比如将大量金钱投入并不赚钱的产业，最后钱都打了水漂。

但无论是生产力上不去，还是经济决策出现错误，如果合理处置，仍然有可能避免经济危机的到来。就怕这个时候，人开始慌乱，开始想各种办法去获得金钱。既不降低消费标准，也不去压制社会欲望，反而各自为了得到更多的钱而去增大别人的欲望，使得社会出现越没钱、越花钱的滑稽现象。

当经济出现问题时，最有效的应对方式自然是开源节流。可如果一个社会并没有采取这种方式，反而在不开源的情况下，加大消费的流动，就说明这个经济体系已经陷入病态。当经济体系开始不再健康，那么整个社会也会陷入一种自我陶醉的状态。

这种时候，社会舆论变得不再客观，仔细观察这个时期的各种媒体，会发现批判的声音变得极少，大部分声音都是在鼓吹、赞美、畅想不切实际的未来。

会出现这种情况，是因为许多人已经在慌张，只有通过舆论鼓吹的方式，才能够让慌张的情绪稳定下来。而这个时候，人们几乎完全无法听进任何负面的声音，因为所有负面的声音都可能会引起混乱。

但在这种慌张状态之下发出的声音，完全是不理智的，甚至几乎没有经过任何的分析和判断，其带来的最糟糕的后果是，许多人都选择相信，都将这些盲目的安慰当作是现实的真相。于是，许多人在进行经济方面的决策时，就容易做出会影响其未来发展趋向的错误决定。

可以看出，在这种相互影响和反复循环的情况下，几乎没有什么人会笑到最后，每个人只是在经济大手的操纵下的一环。

不过，即便是在经济危机时期，仍然有许多人能够保持理性。尽管经济危机让很多家庭破碎，很多人失去生命，但也有一些人保存了实力，在危机结束后迅速崛起。其关键就在于，在经济危机到来之前，是否能够在虚假的繁荣中保持理智以及在危机到来之后，是否能够迅速调整自身的消费理念。

41 为什么房价总是在上涨?

当刚需变成一种投资

不可能降下来的房市

观察我国近几十年的经济市场，会发现一个奇怪的现象，那就是无论经济如何波动，无论其他产品的价格如何变动，有一件东西的价格却只在上涨，不会下跌。这件东西就是房子。也正是因为房子的价格永远在上涨，因此房地产便成了最赚钱的行业。这就出现了一个问题：为什么房地产行业看起来好像无视了市场规律，也无视了价格规律?

当然，不同地区的房价是不一样的，并不是每个地区的房价都会以同样的速度上涨，但能够肯定的是，任何一个地区，只要还在发展，其房价即便不涨，也不会下降。只不过，不同的地区会因为自身的发展速度影响到房价的高低。

房价并不是由其自身的建筑材料决定的，更大的因素在于其所处的地段。

地段，表面上来说是指一块地面，但实际上，地段意味着一小块的文明社会。一个地段的价值则意味着这个文明社会的发展程度，以及这个文明社会所拥有的价值。如果这个地段上的房价下跌，则意味着这个地段的价值在下跌，那么也就意味着这个地段上所处的文明正在退后。

如果一个文明社会开始大幅度后退，那么这时候该担心的，就已经仅仅不是房价问题，而是整个社会的稳定了。换言之，只要社会还处于稳定状态，只要没有发生战乱、政变等问题，一个社会文明就会持续向前发展。

这里就可以看出，房子与其他商品的不同之处。尽管在买卖过程中，房子似乎与其他商品没有什么不同，都是一手交钱一手交货，但实际上在这个过程中，房子本身没有丝毫变动，并不会在物理空间上出现从卖家到买家的转移过程，卖家与买家之间真正交易的，其实只是对这个房子的使用权，而不是这个房子本身。

因为房子扎根于地面，是不可移动的。尽管房子本身会作为商品被买卖，但一个房子的价值远远大于房子本身。甚至房子上面的蓝天、下面的土地以及周围的所有，都被包含在了房子的价值之中了。

如果想要房价下降，就得让其周围的这一切价值都全部下降，很显然，这是不现实的。正是因为房子的价值决定于以其为中心的周围的一切，甚至决定于其所在的地面上发展的文明，所以房子便成为许多投资者青睐的目标。

首先，我们知道房子是人们生活的刚需，是人们的最根本的需求。有些东西，无论经济处于什么状况，无论价格涨到何种地步，人们都会去购买，比如粮食、衣服，而房子也是如此。

尽管有些人会选择租房，但他们仍然会将买房作为重点计划。毕竟如果要建立家庭，靠租房是很难满足正常生活的。而当这种刚性需求成了许多人的投资目标，事情就会朝着另一个方向发展。

投资这个行为，目的只有一个，就是赚钱。那么投资者要赚钱，自然就会想办法抬高投资项目的价格。当投资者投资的是人们的刚性需求时，在抬高价格这方面就可以有恃无恐了。

当然，政府会在一定程度上管控市场，不会让投资者将价格抬高得特别离谱，但这里就涉及了一个问题，那就是投资者对房产的投资行为已经改变了房子本身的性质。他们将房子从一个刚需的物品变成了一个可以保值的资产。

如前面所说，一个房子的价值不仅仅来自其本身，更来自其周围的一切，包括自然环境，各种公共设施以及所处地面的文明程度等。这些东西，并不会因为房子自身的老化、磨损而消失。这就导致了不光是投资者会抬高其价格，购买者也会抱着房价在今后还会上涨的心态去购买。

可以发现，买房者与买任何一个其他商品的人的心态都不一样。买其他东西时，人们的心态是拥有了一件物品，以后倘若不要了，会根据其用旧程度折价卖出，即便是买保值品的人，心态也是虽然希望这个东西以后可以增值换钱，但是如果贬值了也只能自认倒霉。但对买房者来说，他们往往只有一个心态，那就是一定不能赔钱。

这个赔钱包含着多重意义。首先买房者购房已经花出了一大笔钱，但对于非投资的自住者来说，他们无论花多少钱买房，都不会想立刻卖出去，非到万不得已的时刻，他们是不会卖房的。可就算一辈子都不把房子卖掉，他们也得保证自己的房子价值仍在，如果房子价值下跌，即便他们并不会拿房子去进行交易，但他们还是会认为自己赔钱了。

可以说，买房自住的人与买房投资的人，他们唯一的不同点在于，前者不会很快将房子转手，而后者会。但对于将房子作为保值品的心态，两者其实是一样的。

这种心态的直接后果就是，所有买房的人，无论是投资者，还是自住者，他们都不会接受房价降低。如果一个地区政府人为降低某个地段的房价，估计在这个地段上的所有居住者都会发声反抗，而政府绝对不会做出这种动摇社会稳定的决策。这也是房价不可能下降的原因之一。

前面提到，决定房价的一大原因是该房子所处地面的文明程度。这里的文明程度包含了许多方面，包括教育水平、经济水平、文化水平，等等。文明发展越快的地方，房价就上涨得越快，而文明发展越快的地方，必定就越容易吸引更多的外来者。外来者要想在这个地方长久定居下来，必定要将买房作为第一目标。这就使得房子处于一个供不应求的局面。

我们还会发现，那些房价贵到离谱的地区，不论房子卖得多贵，都总会很快卖出去。虽然永远都有人在抱怨买不起房，可售楼处永远都是热热闹闹的。

而房价之所以可以贵到这个程度，就是因为开发商知道有足够的人能买得起这些房子。自然，所谓的买得起，并不是所有人都能一次性拿出这些钱，但可以通过贷款，将自己一生的大部分努力，都压在房子上面。

其实我们知道，如果在一个社会，贷款消费成了主要消费方式，那么这个社会的经济体系就是危险的，可当整个房地产市场已经进入不贷款就买不起房子的循环中，那么以买房为刚需的人们也就只能接受这样的市场规则。

刚需是无论任何时候都必须要购买的东西，只有面对刚需才让人们毫无转圜的余地。当然，也不是所有人都一定会贷款买房，也有人宁可去更便宜的地区购买房子，但与此同时他也就放弃了文明发展更先进的地区的各种便捷。

对于买房者来说，他们花出的钱，更多的是用来买下其所在地区的文明环境，比如在该地区居住，他们的子女可以受到更好的教育，他们全家可以享受到更优质的医疗，他们未来能够找到更多投资方面的商机，他们出门不用走多远就能去全国知名的剧院、游乐场等场所游玩，这些都是房价较低的地区的人们所享受不到的。如果这样去衡量，就会觉得付出这些成本未必不值得。

只不过，当全民进入贷款状态，那也就意味着这个经济体系下的社会抗压能力被大幅度削弱了。一旦出现经济动荡，可能很多人会直接面临流离失所。

所以，当整个社会规则确定时，个人很难与其对抗，但我们仍然可以在这种大环境下，努力提高自身的经济抗压能力，尽量做到拥有足够应对经济动荡的存款，切勿只看眼前，要多做长远打算。